GUANGZHOU JIANG TU ZHI

广州匠图志

蔡鸿生　主编

SPM 南方出版传媒　广东人民出版社
·广州·

图书在版编目（CIP）数据

广州匠图志 / 蔡鸿生主编. —广州：广东人民出版社，2019.8
ISBN 978-7-218-12126-0

Ⅰ.①广… Ⅱ.①蔡… Ⅲ.①手工业工人—介绍—广州—清代 Ⅳ.①K825.7

中国版本图书馆CIP数据核字（2017）第249754号

GUANGZHOU JIANG TU ZHI
广州匠图志 蔡鸿生 主编　　版权所有　翻印必究

出 版 人：肖风华

责任编辑：陈其伟　周惊涛
装帧设计：友间文化
责任技编：周　杰　吴彦斌

出版发行：广东人民出版社
地　　址：广州市海珠区新港西路204号（邮政编码：510300）
电　　话：（020）85716809（总编室）
传　　真：（020）85716872
网　　址：http://www.gdpph.com
印　　刷：广州市浩诚印刷有限公司
开　　本：787毫米×1092毫米　1/32
印　　张：6.125　　字　　数：160千
版　　次：2019年8月第1版　2019年8月第1次印刷
定　　价：49.80元

如发现印装质量问题，影响阅读，请与出版社（020-85716849）联系调换。
售书热线：（020）85716826

序

Preface

在深化改革中呼唤工匠精神，振奋人心，催人奋进。这个响彻南北的时代强音，也唤起人们对"广州匠"的历史记忆，并触发工艺制造如何继往开来的理性思考。

明清时代，随着市舶贸易向洋舶贸易转变，经济交往的空间由南海扩大到西洋。作为卓越的工艺群体，"广州匠"并不是突发式登场的。其精工细作之所以出类拔萃，是因为拥有地缘优势、资源优势和技术优势。此事尽管说来话长，却不妨长话短说，下面就来作个简略的回顾。

广州位于南海之滨，是"海上丝路"的地理枢纽。早在汉代，已被称为一大都会。到了唐代，声势更盛，被确认为"通海夷

道"的起点,航线远达波斯湾和非洲东岸。著名的"广府",既是市舶贸易的发源地,又是市舶制度的创新区。一系列海外交通的创举,都是在这里先行先试的:一、设市舶使;二、置市舶司;三、立市舶法;四、办市舶宴。从官制到礼仪,市舶事务逐步制度化,形成完备的"广州模式"。宋神宗元丰三年(1080),经朝廷诏令向广西、福建和浙江"委官推行",地方性的"广式"法规,终于升格成为官方定式。

市舶时代的广州模式,到洋舶时代发生显著变异,这是海洋世界的社会变迁所导致的结果。从渊源来说,制度转型是有旧辙可循的。例如,粤海关与市舶司,夷馆与蕃坊,行商与舶牙,译人与唐帕(通事),等等。因此,广州口岸的传统工艺部门,犹如近水楼台,可以先得"洋气"(西洋文明)。其外销渠道,也较前扩展,由印度洋延伸到大西洋。新的机遇营造出有利的生态环境,驱动广州货源源不断地走向世界,又倒逼"广州匠"必须与时俱进,精益求精。

人事有代谢,往来成古今。从现实回望历史的深处,"广州匠"先驱的身影,似乎隐约可见。早在东晋时代,广州已出现制作"象牙细簟"的能手,象牙必须经过切割篾化之后才可织席,其难度可想而知。到了唐代中期,又有南海奇女卢眉娘,巧绣《法华经》和善作"飞仙盖",名动京师。此女效力掖廷后归隐罗浮山,绝技随之失传,真是广绣的一大憾事。唐代的岭南佛门,也曾有过一座以舶来白檀为原料的广式木雕,它是"广州匠"群策群力、旷日持久的杰作。唐玄宗天宝十年(751),高僧鉴真和尚路经广州,亲睹其物,亲闻其事:"开元寺有胡人造白檀《华严经》九会(指三段三面变文雕像),率工匠六十人,三十年造毕,用物卅万贯钱,欲将往天竺。采访使刘巨鳞奏状,敕留开元寺供养,七宝庄严,不可思议。"①胡、汉交融,堪称"天竺样,广州匠"的文化佳话。宋代是市舶贸易的黄金时代,输入广州的舶货,以香料为大宗,和香印香是当年的尖端技术,非匠心独运者是无从操作的。正是广州人吴兴,成了秘制"心字香"的祖师爷:"法以佳沉香薄劈,着净器中,铺半开花,与香层层相间,密封之,日一易,不待花蔫,花过成香。"②在南宋首都杭州,竟有一位还俗道士,成了"番禺黄氏心字香"的仿制者。可惜当年尚无专利权,此事也就不了了之。

从古代到近代,通过传承和创新,广州的工艺世界日益多样化和精致化。本书限于篇幅,只能简略记述如下门类:广绣、牙雕、家具、成扇、座钟、广彩、珐琅瓷和外销画。这批传世的精品,因"巧夺天工"而淡出实用领域,但时至今日,依然是南粤人杰地灵的物质象征。

按照事物的客观逻辑,阳春白雪与下里巴人无缘。高端产品只能被高端消费所吸纳,出自工匠之手,落入贵族之家。尽管如此,我们仍然坚持创造高于享受的经济伦理,开门见山,自道心曲:本书的主旨是颂扬"广州匠"的创造性劳动,与为奢侈品唱赞歌是大异其趣的。

蔡鸿生

---

① [日]真人元开著,汪向荣校注:《唐大和上东征传》,中华书局,1979年,第73—74页。
② 黄震:《黄氏日钞》卷六十七。

引子

巧匠云集的18世纪广州城

康熙二十三年（1684），清政府开放海禁，设粤（在广东）、江（在江苏）、闽（在福建）、浙（在浙江）四大海关。广州作为南海和西洋诸国来华贸易的主要目的地，每年在黄埔锚地汇聚了众多来华商船，各国货物屯集。特别是乾隆二十二年（1757），清廷关闭厦门、云台山、宁波三海关，广州成为西洋各国来华贸易的唯一通商口岸，粤海关占据着不可替代的重要地位，长达85年。在此背景下，以省城广州为中心的珠江三角洲地区商贸繁荣，汇聚了各种优秀的手工业艺人，各类工艺发展臻于鼎盛。

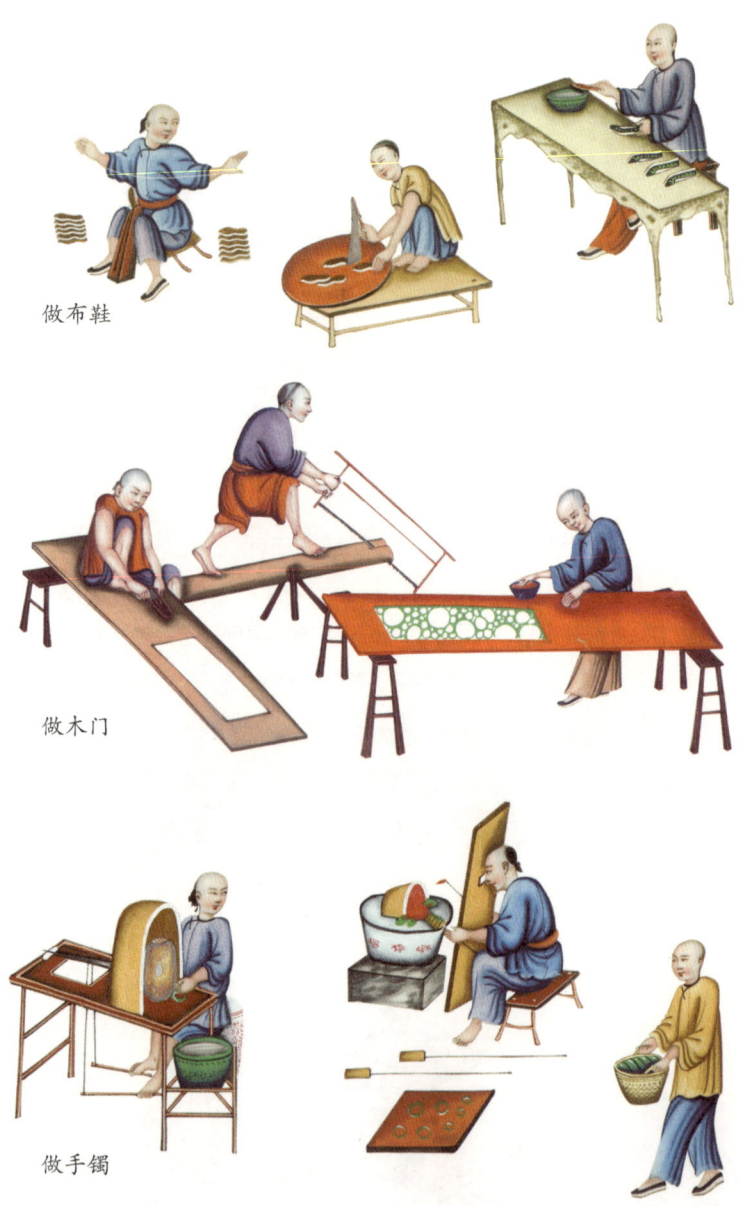

19世纪外销通草画,广州博物馆藏

1556年冬天,葡萄牙人克路士到达广州,停留了几个星期。其1569年在葡萄牙恩渥拉出版的名著《中国志》,被誉为"欧洲出版的第一部专述中国的书"。该书"详记中国事物及其特点",所述内容多于中国史籍有征,其中"广州的工匠和商人"一节写道:

> 这个国家有各种行业的工匠,各种生活必需品非常丰富。而所以如此,是由于人口无数。而鞋子是消耗最多的商品,鞋匠就比其他行业的匠人要多。广州有两条很长的鞋匠街,一条卖高级的丝鞋,另一条卖普通的皮鞋。……
>
> [城内]还有手艺高的木匠和各行业的良匠。他们总有很多各式各样的柜子,有的涂上细漆,有的涂色,又有的用皮镶里,及其他种种。他们不断制造大量的椅子,有的用上等白木,有的涂金涂银,制作精致。……
>
> 至于小的涂金盒、大盘、篮、写字台和桌子,数不胜数,再好不过。金匠、银匠、铜匠、铁匠和其他各行各业,既多又完备,各种的东西也十分丰富,应有尽有。①

从这段描述,可以看到明末广州城人口众多,商贸繁荣,大量的消费需求促进了手工业的迅猛发展,大大加速其专业

---

① [葡]克路士:《中国志》,转引自广州市文史研究馆编:《羊城风华录——历代中外名人笔下的广州》,花城出版社,2006年,第235—236页。

化,满街尽是各式各样精工制作的产品,琳琅满目,令外商目不暇接。

各式工匠生产的产品不仅供应普通民众和海外市场,也满足各种类型顾客的不同需求,尤其是宫廷王室和贵族富商特殊定制的用品:

> 这里有各种各样的机械行业,其中工作着各种各样的工匠,比如:木匠、修船工、铁匠、石匠、瓦工、锯木工、仓储工。总之,这里生产着皇帝和城堡里所需的一切东西,每年都有四五千工匠在这里工作着,世上没有什么东西是他们不能创造出来的。①

清代广为流传的民谚"苏州样,广州匠",突显广州匠人的灵巧创新,他们善于迎合各类顾客的需求研究新的产品类型,并不断吸收、开创新的技艺。随着海外原材料、技术的不断输入,国内外市场越对奢侈品和特殊定制产品越来越广泛的需求,广州匠人的这种突出技能在清代乾嘉年间达到了顶峰,18世纪末来华的英国马戛尔尼使团成员这样赞誉道:

> 广州工人摹仿的本领很高明。他们能制造和修

---

① [葡]克里斯托旺·维埃拉:《广州来信(手稿)》,转引自澳门《文化杂志》编:《十六和十七世纪伊比利亚文学视野里的中国景观》,大象出版社,2003年,第26—27页。

理钟表,摹仿西洋油画和水彩画。①

"来样定做,岁无定式",遂成为乾嘉年间广州手工业商品的准确描述,对于各种特殊商品的定制要求,广州工匠群体均能应付自如。据清代史料记载,广州城内有许多街道均以汇售某种手工制作精品而蜚声海内外,如玉子巷、三府前、象牙街以象牙制品著称;而状元坊、上下九则以广绣名世;十三行商馆区附近的同文街及西关的怀远驿街,外销画店铺林立,定制油画、玻璃画、通草画、象牙细密画等不同商品的西方商人络绎不绝;同文街、靖远街亦多有深受西方人青睐的广彩瓷器店,其产品作坊则在珠江以南。很多店铺采取前店后厂的形式,生产与销售紧密结合,以专业高效及灵活多变的模式,适应海外顾客日新月异的需求。18、19世纪,广州口岸外销商品形成大批量、流水线生产的规模,不过是当时中国手工行业发展到顶峰时期的一个缩影。在西方爆发工业革命以前,中国已成为世界上专业化商品生产程度最高的国家,而广州则是当时各种顶尖手工业匠荟萃之地。

① [英]斯当东著,叶笃义译:《英使谒见乾隆纪实》,上海书店出版社,2005年,第487页。

目录

广州外销画 001

外销画的画家和画风 002
外销画家何处觅 003
善于学习的外销画家 011
外销画铺的营销模式 017
外销画家笔下的大千世界 024
附录 清代中国外销画家一览表 046

巧手慧心的传统广绣 051

五彩缤纷的外销成扇 065

精巧华丽的广州自鸣钟 089

广州自鸣钟的兴起 090
广州自鸣钟的工艺特色 094

广彩"灵思堂"所见的工匠制度 103

"父艺传子"的入会制度 105
行内专工互不逾越 109
统一计价办法和花式品种 111

18世纪广东牙匠掠影　117

清代广东象牙行业的发展和管理　118
18世纪宫廷广东牙匠概况　119
最早进入造办处的广东牙匠——陈祖章　123

巧夺天工的广州牙雕　129

中西合璧的广州织金彩瓷　141

广彩的诞生　144
独树一帜的装饰艺术　145
风行一时的定烧瓷　153
"陶瓷之路"的魅力　155

濡染西风的传统广式家具　159

东西汇流下的广州画珐琅　169

后记　181

广州外销画

外销画的画家和画风

1837年在广州的法国人维拉（M. La Volleé）这样记载了当时广州口岸的外销画家：

> 林呱是广州最好的画家，一位中国画家。这位中央帝国的画家当然不是鲁本斯……中国，尤其是广州，有几位长着长辫子的画家——林呱、廷呱、恩呱（Yin-qua）和其他一些"呱"（Qua），他们的画在中国人中很受欢迎，同时也是欧洲业余爱好者寻找的新奇之物。①

这些以"呱"为名号的人，就是当年在广州以绘制"洋画"来谋生的外销画家，在清代广州出现的新行业中，外销画家可谓独树一帜。他们的画铺是来广州的西方人必去的地方，这些西方人饶有兴致地挑选画作带回本国，有些人甚至还坐下来请外销画家画个写真，以纪念自己的东方之旅。他们使用西洋技法创作，是西洋绘画在中国的最初实践者，让我们看到西方美术通过商业渠道对中国影响的途径，丰富了我们对西画东传历史的认识，黄时鉴对此高度评价："一部完整的中国美术史应该含有民间美术，包括中国外销画。将西方艺术作品导入中国的贸易和由此产生的中外交流也应该包括进来……广州绘制'洋画'的百年以上的丰厚传统宜当更多地加以研究，俾使

---

① Albert Ten Eyck Gardner, "Cantonese Chinnerys: Portraits of How-qua and Other China Trade Paintings", *The Art Quarterly*, Vol. XVI, 1953, Winter, p.316.

中国和西方不会失缺东西文化交流史上的这一重要篇章。"①

外销画家何处觅

根据清代夷务管理制度规定，西洋人在广州贸易期间不能随意离开商馆区，每月仅两次去河南海幢寺、花地等处游览的机会，也必须有行商同行。于是，广州贸易期间，西方商人只能在广州城外珠江沿岸的十三行区租赁"夷馆"为居住地和货仓，这些"夷馆"附近逐渐出现了许多专门为外国人提供商品和服务的店铺。

18世纪以来，这些店铺成了西洋人可以自由闲逛和购物的地方，在此间辛勤劳作的能工巧匠们，让来华西方人在广州期间的沉闷生活增添了不少亮色。1768年来广州的英国商人威廉·希奇（William Hickey）在其游记中记载了当时广州十三行附近的各种店铺和手艺人："这里有玻璃画工、制扇工匠、象牙工匠、漆器匠、宝石匠和其他各种各样的手艺人。"② 1840年，美国人泰凡尼（Tiffany）记载了当时广州十三行附近一连串工匠："有Ahning（木匠）、Mahning、Wingshing（雕塑匠）、Howqua（店主或行商）、Tingqua（水彩画家）、Luequa（被认为是画家）、Hipqua（漆器匠）、Gonua（牙雕匠）以及四十名其他商人。"③

在这些工匠中，外销画家尤其引人注目。19世纪中叶著名

---

① 黄时鉴、[美]沙进编著：《十九世纪中国市井风情——三百六十行》，上海古籍出版社，1999年，"导言"第10页。
② Margaret Jourdain & R. Soame Jenyns, *Chinese Export Art in the Eighteenth Century*, Great Britain by Fletcher & Son Ltd., 1950, p.12.
③ Osmond Tiffany, Jr., *The Cantonese Chinese or the American's Sojourn in the Celestial Empire*, Boston and Cambridge, 1849, pp.68–69.

的林呱（Lam Qua）就在此开设画铺，其画铺出产的水彩画册上标有"林呱绘制，广州中国街"（Lam Qua, Pinxit, Canton, China Street）。①唐宁（Toogood Downing）在游记中称："林呱画铺在中国街，门上一块小的黑牌上用白字写着其名字和业务，以示区别于邻居。"②其他外销画家也在附近开店，廷呱画铺的地点在新中国街16号，一幅廷呱1855年绘制的广州商馆图背后用英文写着："廷呱创作的广州外国商馆图，广州新中国街16号，1855年1月。"③廷呱画铺出产的画册上也清楚地写着："省城同文街第一十六间店"④或"粤东省城同文街第拾伍间关联昌洋画铺"⑤等。煜呱（Youqua）早期作品的商标上写着其在广州旧中国街34号的地址。⑥19世纪30年代顺呱（Sunqua）画铺同样设在广州旧中国街⑦。发呱画册商标上写着："发呱，油画、水彩画和玻璃画家，广州中国街。"⑧

① Carl Crossman, *The Decorative Arts of China Trade,* Suffolk, the Antique Collector's Club, Ltd, 1991, p.93.
② Toogood Downing, *Fanqui in China in 1836-7*，Vol. II, London, 1838, p.91. 参见 Carl Crossman, *The Decorative Arts of China Trade,* Suffolk, the Antique Collector's Club, Ltd, 1991, p.78, 彩色插图23.
③ 这个地址来自H. A. Crosby Forbes收藏的一幅描绘广州珠江沿岸商馆区风光的水彩画的背面，画上还标明有当时各个建筑物的名称。
④ 黄时鉴、［美］沙进编著：《十九世纪中国市井风情——三百六十行》，上海古籍出版社，1999年，"导言"第6页。
⑤ 黄时鉴、［美］沙进编著：《十九世纪中国市井风情——三百六十行》，上海古籍出版社，1999年，"导言"第2页。
⑥ Carl Crossman, *The Decorative Arts of China Trade,* Suffolk, the Antique Collector's Club, Ltd, 1991, p.134.
⑦ Carl Crossman, *The Decorative Arts of China Trade,* Suffolk, the Antique Collector's Club, Ltd, 1991, p.130.
⑧ Carl Crossman, *The Decorative Arts of China Trade,* Suffolk, the Antique Collector's Club, Ltd, 1991, p.57, 插图15. 又参见David Howard & John Ayers, *China for the West,* London and New York, 1978, p.645.

除在广州开店外，随着西洋人从广州到澳门的季节性迁移，有些外销画家也在澳门进行绘画创作。1843年林呱曾在澳门为一位小女孩画肖像，受到主顾的称赞。① 以搜集中国生物图册著名的英国李维斯（Reeves）请中国画工绘制了中国鱼类图案，其中四位画工是在澳门完成绘制的。②

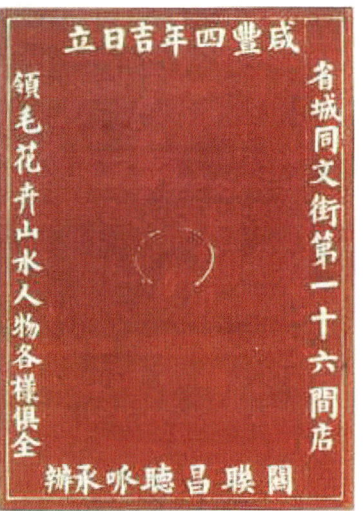

庭呱画铺画册封面（采自黄时鉴、[美]沙进编著：《十九世纪中国市井风情——三百六十行》，上海古籍出版社，1999年，"导言"第6页）

鸦片战争后西方人出现在更多的中国沿海口岸，上海和香港等港口的重要性逐渐超过广州，成为西方人新的聚集之地，广州外销画家的画铺也出现了新动向。一方面，一些外销画家很快在香港和上海开设分店，或干脆将画铺搬迁至此。林呱于1845年9月1日在香港的第一条马路——皇后大道3号奥斯活大厦开设了一家画铺。1846年《香港

---

① Carl Crossman, *The Decorative Arts of China Trade,* Suffolk, the Antique Collector's Club, Ltd, 1991, pp.89–92.
② P. J. P.Whitehead, *The Reeves Collection of Chinese Fish Drawings*, p.200，详细记录了李维斯的笔记中所载的鱼类画的作者，其中四位画工在澳门绘制了这些画。详细情形如下：
　　Nos. a 1–54: at Macao?, by Akut, 5th June to 22nd July, 1828.
　　Nos. b 1–103: at Macao, 84–95+103 (? all), by Akew, 1828.
　　Nos. 104–158: at Canton, artist not known (? Akam), Oct. to Nov., 1828.
　　Nos. 159–279: at Macao, by Asung, 5th March to 9th September, 1829.
　　Nos. 280–284: at Macao, by Asung, August, 1830.

纪事报》（Hongkong Register）头版曾登载一则广告："林呱，中国肖像画家，已将其澳门的铺位转移到香港……其长久以来备受赞誉的肖像艺术造诣可以继续信赖。"①煜呱（Youqua）晚期作品商标上，除写有广州地址外，还添上了香港皇后大道107号的地址。②1857年《伦敦新闻画报》（Illustrated London News）的一幅插图上描绘了顺呱（Sunqua）在香港的画铺，同时期顺呱画铺画作商标上同时标有广州和香港两个地址。③

上海则是外销画家的另一个新选择。广州外销画家应昌（Ying Cheong）的名片上写着"人物和建筑摄影师，上海广州路"，"有风景画出售"。④上海广州路是上海开埠之初粤人较

煜呱画作商标（采自Carl Crossman, *The Decorative Arts of China Trade,* Suffolk, the Antique Collector's Club, Ltd, 1991, p. 201，插图106）

庭呱自画像（采自黄时鉴、[美]沙进编著：《十九世纪中国市井风情——三百六十行》，上海古籍出版社，1999年，第104页）

---

① Robin Hutcheon, *Chinnery,* Hong Kong, 1989, p.96.
② Carl Crossman, *The Decorative Arts of China Trade,* Suffolk, the Antique Collector's Club, Ltd, 1991, p.201，插图106。
③ Carl Crossman, *The Decorative Arts of China Trade,* Suffolk, the Antique Collector's Club, Ltd, 1991, p.130.
④ Carl Crossman, *The Decorative Arts of China Trade,* Suffolk, the Antique Collector's Club, Ltd, 1991, p.155.

集中居住之地，在上海初期的发展中有着重要的作用。浙江杭州人葛元熙旅居沪上，1887年著《沪游杂记》记载了当时粤籍画工在上海的情形："粤人效西洋画法，以五彩油画山水人物或半截小影，而长六七寸，神采俨然，且可经久，惜少书卷气耳。"①

另一方面，随着外国人在广州活动区域的扩大，尤其是1856年十三行商馆区的消失，广州城内外不少地方都可以见到外销画家的店铺。

其一是沙面。沙面坐落在广州白鹅潭，1861年沦为英法租界，19世纪末出版的《广州、西江和澳门旅游指南》上刊登了广州沙面宾馆出售外销画的广告，向外国游客介绍了30种可供选择的描绘"广州风光和中国人生活"的绘画，内容包括澳门风光、外国汽船、广州沙面景色、孔庙、文昌庙、金华庙、五羊雕塑、河南寺、花塔、广州城墙、中国人家庭生活、中国刑罚图、中国农村风光等等，如果想购买各种中国绘画，可以向广州沙面宾馆的赫尔雷（R. C. Hurley）咨询订购。②

其二是晓珠里。英国维多利亚·阿尔伯特博物院收藏一套丝绸制作过程图，标签是"粤东省城晓珠里英泰"和"吴俊画印"，可以看出吴俊经营的"英泰"画铺位于"晓珠里"。晓珠里位于广州城太平门外，眼镜街附近，今广州杨巷路北段，就在当年十三行区北面。③

---

① 葛元熙：《沪游杂记》，转引自陈瑞林：《16世纪至20世纪西方美术对于中国美术影响的历史回顾》，载［英］M. 苏立文著，陈瑞林译：《东西方美术的交流》，江苏美术出版社，1998年，第364页。
② R. C. Hurley, *The Tourist Guide to Canton, West River, and Macao*, Hong Kong, 1895, p.XXXVIII.
③ 英国维多利亚阿伯特博物院、广州市文化局等编：《18—19世纪羊城风物——英国维多利亚阿伯特博物院藏广州外销画》，上海古籍出版社，2003年，第8页。

其三是瑞兴里。19世纪70年代曾多次来广州的格雷（Gray）曾出版《漫步广州城》，记载自己在广州亲身见闻的各种事情，其中就有与"晓珠里"相连的"瑞兴里"上有画铺："（离开晓珠里）转入瑞兴里，我们参观了茂祥通画扇铺，这里出售米纸画和各种形状的扇子。在这家画铺里，中国画家使用不同的材料绘制，不仅仅是在扇子上绘画，也在米纸上绘画。"①

其四是眼镜街。眼镜街在广州城太平门外，与新豆栏和十三行街等毗邻。《漫步广州城》中记载："我们走到眼镜街，在这个窄窄的街道上，中国玻璃画，各种形状、大小的玻璃灯罩都有出售。玻璃画工的行会——一座很小的房子也在这条街道上——我们看见有一些画工在紧张地忙碌着，当我们观看他们作画时，他们显得非常兴致勃勃。"②

其五是濠畔街。濠畔街历来是广州西关商业鼎盛之地，屈大均的《广东新语》称："（濠畔街）当盛平时，香珠犀象如山，花鸟如海，番夷辐辏，日费数千万金，饮食之盛，歌舞之多，过于秦淮数倍。"1880年香港出版的《广州指南》记载："濠畔街有蛇皮做的乐器、算盘、毛皮、地毯、名贵木家具、翡翠和图画等出售。"③《漫步广州城》中载："向导建议我们去濠畔街看看，这里不仅有家具店，也不仅能够观看乐器店制作乐器，而且还可以去看看挂满各种绘画作品的画铺，一定会吸引爱画之人。……关于这里的画，描绘了各种花卉、鸟类和蝴蝶的画绘制得最好，欧洲来的旅游者都会来购买一些回

---

① John Gray, *Walks in the City of Canton*, Hong Kong, 1875, p.264.
② John Gray, *Walks in the City of Canton*, Hong Kong, 1875, p.284.
③ Kerr, *The Canton Guide*, Hong Kong, 1880, p.9.

去,挂在自家墙上或者餐厅里做装饰。"①

其六是西兴街。《广州指南》记载:"西兴街在沙基大街后面与之平行的街道,这里有漆器店、丝绸店、刺绣店、银器店和象牙店,还有大量其他的新奇之物和图画,一间印刷公司和一个肖像画家,全部都做外国人生意。"②

其七是怀远驿街。19世纪末数本广州旅行指南上都向游客们推荐怀远驿街上的永泰兴画铺,《外国人广州商铺指南》中称:"向导带领着英国人来到了这位出色画家的店铺,舒适地坐在店里欣赏画作,一个伙计用乌龙茶招待他们,感到热的话,伙计还会给他们扇风。这家画铺拥有当时广州最好的画家,画铺出售的通草纸画也是全广州最好的。"③《广州、西江和澳门旅游指南》上特别提醒外国游客,到广州一定要去怀

永泰兴画铺,广州博物馆藏

---

① John Gray, *Walks in the City of Canton*, Hong Kong, 1875, p.295.
② Kerr, *The Canton Guide*, Hong Kong, 1880, p.3.
③ 转引自 Martyn Gregery, *Artists of the China Coast*, 1991, p.134.

永泰兴画铺名片，广州博物馆藏

WING TAI HING of Canton has for sale the best rice-paper pictures especially selected to suit the tastes of his customers giving descriptions in English in 12 series of the customs and habits of china and her 40 millions of people:—

No. 1 to 12 are accompanied by explanations in English.

1.—The Official costumes of the Imperial courts.
2.—The happy life of rishman from birth to death.
3.—Tortures in Courts for different crimes.
4.—"Sien-Woh-Pao" punishment of wicked and reward of virtuous.
5.—Compotative Examinations for civil and military services.
6.—Filial affection of celebrated men.
7.—Arts and handy crafts in different trades.
8.—The life of an Opium smoker from the time of his great opulence to the time of his utter misery.
9.—Floating brothels in Kook-Fas; eating and drinking and love-making.
10.—Native crafts and boats of different descriptions.
11.—Birds and flowers.
12.—A Guide to foreign tourist to see different scenes in Canton.
13.—Assorted pictures of different kind each.
14.—Wingless angels and prophets of the chinese mythological kingdom.
15.—Silk weaving and silkworm rearing.
16.—Marriage procession.
17.—Tea-planting and tea-trade.
18.—Chinese "sing song" (i.e. theatre).
19.—Families of rich and noblemen.
20.—War-implements and military tactics.
21.—New year's lantern procession.
22.—Hawkers, peddlers, and green-grocers.
23.—Female-musicians and songstress.
24.—Jugglery.
25.—Gamblings.
26.—Flowers and butterflies.
27.—Female-works.
28.—Husbandry.
29.—Fire, and fire-engines; the best mode of putting out fire.
30.—The beauties of the former dynasties.

N. B.—New scenes are added from time to time to the above-stocks.

Address:—WING TAI HING rice-paper picture shop in Wai Yiun Yik Street, CANTON.

廣東懷遠驛永泰興畫欵

永泰兴画铺广告单，广州十三行博物馆藏

远驿街"永泰兴"画铺买"米纸画":"米纸画可以在永泰兴找到,这是非常新奇的艺术品,上面描绘各式中国人物服饰,从宫廷官员到市井剃头匠都被呈现得妙趣横生。"还刊登广告:"永泰兴 WING TAI HING, Wai Yuen Yik Street,出售各式手绘米纸人物画,种类丰富,题材有趣——皇宫官员服饰、富人生活情景、刑罚场景、艺术和手工艺制作过程、鸦片烟鬼的落魄史、各式鸟类、花卉和蝴蝶、各式广州风光、中国元宵节等等大量深受欢迎的题材,永泰兴,广州。"①

善于学习的外销画家

从画作看,不少广州外销画家受过国画训练,但外销画并不是纯粹的中国画,而是融会了中西绘画技巧的画作。这表现出广州外销画家极强的学习能力和创新精神,他们孜孜不倦地学习西洋绘画技巧,其作品体现了中国人对西方绘画艺术的最初反应,在东西方传递着不同文明的信息,为"广州匠"的名声增添光彩。

从目前所知的材料分析,外销画家学习西洋绘画的途径大致有三种。

其一,出洋留学。这种途径最著名的画家是关作霖。《续南海县志》称:

> 关作霖,字苍松,江浦司竹径乡人。少家贫,思

---

① R. C. Hurley, *The Tourist Guide to Canton, West River, and Macao*, Hong Kong, 1895, p.XXL.

托业以谋生，又不欲执艺居人下，因附海舶遍游欧美各国，喜其油相传神，从而学习。学成而归，设肆羊城，为人写真，栩栩欲活，见者无不诧叹。时在嘉庆中叶。此技初入中国，西人亦惊以为奇，得未曾有云。①

这是一位出身社会底层的画家留学欧美，学成回国卖画为生的写照。关氏后人这样回忆先辈："作霖公为西欧油彩画传入我国之最先者。初英伦名油画家澶暗梨（引者：即钱纳利）漫游至粤。晤公于佗城。见其画惊喜，挽为骖乘，携游欧美都会，画名大著。"②

其二，直接跟随来华西方画家学习，模仿其风格、临摹其作品，这是外销画家学习西洋绘画的主要途径。从18世纪中后期到19世纪中叶，许多西方画家曾到过中国沿海，并在广州进行过绘画活动，他们对广州和珠江沿岸进行了全方位写实描绘，其创作主题和方式对外销画家有指导和示范作用，许多作品直接成为了外销画家临摹的对象。明确收过徒弟的西方画家是乔治·钱纳利（George Chinnery，1774—1852）。钱纳利出生于英国伦敦，17岁进入英国皇家美术学院学习，18岁时其画作就在英国皇家画院展出，24岁时皇家画院展出其画作达21幅之多。1825年2月钱纳利到达澳门，直到1852年去世一直生活在澳门。钱纳利在澳门开设画室为西方人绘制肖像，也为中国人作画，他经常来往于粤港澳之间，创作了大量速写素描、油画、水彩和水粉画，是

---

① 《续南海县志》卷二十一《列传》，第8页，宣统庚戌十月镂版。
② 关蕙农，"Biography of the Late Mr. Kwan Kin Hing, Brother of the Artist"，*Chinese Watercolour Painting*, Hong Kong: Asia Litho. Pringting Press, 1940, p.15.

19世纪在中国华南沿海居留时间最长、影响最大的西方画家。

1825年钱纳利刚到澳门时，友人克里斯托夫·费龙（Christopher Feron）为其建立画室，当时在费龙家作佣人的林呱开始成为钱纳利的助手，为其洗画笔，学习西洋绘画。① 唐宁在游记中称："林呱曾是澳门钱纳利的学生，他从钱纳利处得到充分的指导，以致能够按欧洲风格创作。"②很快，林呱掌握了钱纳利传授的绘画技法，逐渐成长为外销画家典范。1835年12月8日《广州纪事报》（The Canton Register）刊登题为《中国画家》的文章：

> 我们现在被林呱吸引了，他的画作远在其他画家之上。林呱最初跟随着钱纳利学习绘画。……艺术上的进步显而易见——最近林呱绘制的肖像画中令人惊奇地表现出捕捉肖像特征和表情的天才能力。中国人并不愿意给自己画肖像，但事实上，林呱的绘画水平克服了很多中国人的偏见，他们请他为自己绘制肖像。此外如果不是有所顾忌，而只做艺术上的冷静观察，中国人应该在艺术上去追求甚至超越，这主要归功于他自己，也要归功于那位满腔热情启发他、培养他和指导他的老师（指钱纳利）。③

其三，手工作坊的授业方式。外销画铺中一般都雇佣学

---

① Carl Crossman, *The Decorative Arts of China Trade*, Suffolk, the Antique Collector's Club, Ltd, 1991, p.72.
② Toogood Downing, *Fanqui in China in 1836-7*, London, 1838, Vol. II, pp.90-91.
③ *Canton Register*, Vol. 8, Tuesday, Dec. 8th, 1835, No. 49.

徒或助手，学徒们学成之后很可能自己开设画铺。林呱（Lam Qua，关乔昌）曾教其弟弟廷呱（Tingqua，关廷高）①画铅笔画和素描，"廷呱是林呱的弟弟，跟随其学习铅笔画。林呱主要创作肖像，则廷呱绘制细密画和水彩画"②。后来廷呱在广州新中国街16号开设画铺，成为19世纪中期广州最重要的外销水彩画家。林呱的儿子关贤也秉承家业，继续使用父亲的名号绘画创作，19世纪中叶活跃于省港两地。此外，林呱的门生还有王泰贤、林宝和关项兴③等。

外销画家按照市场的需要制作符合买主口味的商品，并不追求卓越的艺术境界，外销画的商品性是远远超过其艺术性的。林呱的商业才能给西方人留下了深刻的印象："他（即林呱）有极敏锐的商业眼光，极愿抓住每一个作画的机会。"④正因为外销画是与市场紧密相联的艺术化商品，那么市场流行的品位和题材会迅速在外销画中反映出来，临摹类似风格、类似题材的作品，成为了外销画家的主要绘制方式。

从现存作品看，18世纪末19世纪初广州有代表性的外销画家是"斯泼依隆"（Spoilum）。斯泼依隆中文姓名不详，为西洋商人创作了相当数量的肖像画，包括油画和玻璃画两种形式，在广州的西洋人中拥有极高的声誉，哈斯金（Ralph Haskin）在1803年日记中称："他（指斯泼依隆）业务很多，

---

① 廷呱，为林呱的四弟，名关联昌，字俊卿，别号有称庭呱，或听呱，西文作 Tingqua。美国马尼高特的象牙细密肖像画的底部有英文"Tingqua"和中文"关廷高"的签名，由此可知廷呱的中文名字又为关廷高。
② *The Chinese Repository*, Vol. XVI, May, 1847, No. 5, p.209.
③ 陈继春：《钱纳利与澳门》，澳门基金会，1995年，第170页。
④ William Fane de Salis, p.12, 转引自Carl Crossman, *The Decorative Arts of China Trade*, Suffolk, the Antique Collector's Club, Ltd, 1991, p.89。

每幅肖像索价十美元，我惊奇地看着他十分专业地进行创作。"①斯泼依隆的创作一定程度上反映了西方相当流行的新古典主义艺术风格，相当长时期外销画家都在仿效他的创作风格，包括有阴影的背景，干脆细致的细节，构图上的中规中矩等，但却无人能达到他的水平。

从19世纪20年代中期开始，广州外销画的风格发生了显著的变化，斯泼依隆风格的作品被以新林呱（Lam Qua）为代表的体现华丽风格的新一代外销画家的作品所代替，这种转变始于1825年钱纳利的到来，可以说钱纳利在广州和澳门的西洋人中树立了新的艺术口味，也就为广州外销画树立了新的市场标准，其创作风格自然成为大家摹仿的对象。

18世纪末到19世纪上半叶，广州有两位以"林呱"为名的外销画家，学者们推测其为父子，并无具体史料确证。不过，两位林呱不同的风格明显体现出变化。老林呱（Lamqua）的作品以肖像画和船舶画为主②，艺术风格跟随斯泼依隆，作品冷静而精细。新林呱（Lam Qua）是19世纪中期广州最重要的外销画家，他有相当高的国画功底③，曾随钱纳利学习，极力标榜自己的英国风格，他在画铺"墙壁上挂着自己临摹的英国绘画作品，他拥有几位英国艺术家的雕版作品"④，自称是

---

① Diary of Ralph Haskins of Roxbury, Massachusetts, kept at Canton, 1802, privately owned，转引自 Carl Crossman, *The Decorative Arts of China Trade,* Suffolk, the Antique Collector's Club, Ltd, 1991, p.49。

② Carl Crossman, *The Decorative Arts of China Trade*, Suffolk, the Antique Collector's Club, Ltd, 1991, p.54.

③ Carl Crossman, *The Decorative Arts of China Trade*, Suffolk, the Antique Collector's Club, Ltd, 1991, p.73.

④ Osmond Tiffany, Jr. *The Cantonese Chinese or the American's Sojourn in the Celestial Empire*, Boston and Cambridge, 1849, p.85.

"熟练的肖像画家"①，在画铺门牌上写着"林呱，英国和中国画家"②，宣称"自己最崇拜英国浪漫派画家托马斯·劳伦斯（Thomas Laurence）"③，水彩画商标上写着"中国的托马斯·劳伦斯（the Chinese Thomas Laurence）"④，画铺"出售中、英两种风格的画作——中国风格索价八元，英国风格索价十元。他可以用中、英两种不同的方式绘画，对他而言，风格并不重要"⑤。

外销画的商品属性决定其风格由商业利益而定，新林呱取得空前成功，受到来华西洋人的高度称赞："林呱是广州画家王子，他享誉全中国，是一位优秀的画家。他以欧洲风格绘制肖像，画作颜色运用相当出色，捕捉逼真的能力无与伦比。但愿你长得不难看，因为林呱不是一个阿谀奉承者，我可以讲出有关他坦率的许多轶事，这在他的画作中都可以找到。"⑥"那些最近一些年到过广州的人都不会不收集林呱画室的作品，他的画室是人们心情愉快地愿意花一个小时去逗留的地方。"⑦

---

① Davis, Vol. II, p.31, 转引自 Carl Crossman, *The Decorative Arts of China Trade*, Suffolk, the Antique Collector's Club, Ltd, 1991, p.77。
② Old Nick, p.56, Carl Crossman, *The Decorative Arts of China Trade,* Suffolk, the Antique Collector's Club, Ltd, 1991, p.77.
③ Osmond Tiffany, Jr. *The Cantonese Chinese or the American's Sojourn in the Celestial Empire*, Boston and Cambridge, 1849, p.85.
④ Carl Crossman, *The Decorative Arts of China Trade*, Suffolk, the Antique Collector's Club, Ltd, 1991, p.445, 注释16。
⑤ Salis, p.12, Carl Crossman, *The Decorative Arts of China Trade*, Suffolk, the Antique Collector's Club, Ltd, 1991, p.89.
⑥ Osmond Tiffany, Jr., *The Cantonese Chinese or the American's Sojourn in the Celestial Empire*, Boston and Cambridge, 1849, p.85.
⑦ Toogood Downing, *Fanqui in China in 1836-7*, London, 1838, Vol. II, p.90.

外销画铺的营销模式

外销画铺既不是文人"画苑",更不是官方"画院",它只是手工业式的"画坊",按照前店后坊自产自销形式设置,外销画家即画铺老板。为了吸引西洋顾客,画铺门牌上会挂出文引人注目的中、英文招牌,画作上也会使用中、英文商标。画家们还会利用广告等宣传手段推销自己的作品。1835年,林呱在《广州纪事报》上刊登广告:

> 我们的注意力如今被林呱的作品吸引了,他的画作远在其他画家之上,值得关注。……我们可以向读者保证,如果他们希望在下次彗星访问地球之前的有限时期内永生,毫无疑问,最好为母亲、姐妹、情人、知己、妻子留下一幅比她们心目中更英俊的肖像和可以接受的纪念品——林呱的作品,只需15块钱,罕见的传真。[1]

外销画铺内部进行严格明确的劳动分工。一般画铺以外销画家的创作为主,他们紧跟市场潮流,身兼数艺,既作油画,又绘制玻璃画;既绘制肖像,又创作港口船舶画。外销画家发呱作品的商标上写着:"发呱,油画、水彩画和玻璃画家,广州中国街。"[2] 林呱宣称只绘肖像画,其弟弟廷呱专绘水彩

---

[1] *Canton Register*, Vol. 8, Tuesday, Dec. 8th, 1835, No. 49.
[2] Carl Crossman, *The Decorative Arts of China Trade*, Suffolk, the Antique Collector's Club, Ltd, 1991, p.57, 插图15, 又参见David Howard & John Ayers, *China for the West*, London and New York, 1978, p.645。

画，应该是目的性很强的分工合作。画铺主人雇请了不少学徒在画铺工作，他们或单独作画，或成批量地机械绘制画册。具体而言，一部分技术较好的助手或学生临摹、复制或创作某些作品，单独作画。

一幅以"廷呱画铺"为题的外销水彩画生动再现了当时的外销画铺，此画贴有"廷呱（Tingqua）"字样的商标，说明产自廷呱画铺，描绘了位于广州新中国街16号的廷呱画铺，是共两、三层楼高的店铺。画面显示二楼房间正中横匾以中文写着"静观自得"四字，两边分别挂着"一帘花影云拖地，半夜书声月在天"的对联，有三名画工在室内各自作画。墙上挂着一排

画铺中作画的林呱，纸本水粉画，廷呱绘制（采自Northeast Auctions, New Hampshire, May 29, 1993, The Collection of John Howland Ricketson III）

画,清晰可辨。左边是中国风景图和一排以西洋方式创作的肖像画;右边上面一排是中国仕女图,下面一排是港口船舶画,可以辨认出来的两幅画是从南、北两个不同角度绘制的两幅澳门南湾(Praya Grande)风景画。① 这幅图画还有很多复制品,大多正中横匾上写的是"TINGQUA"字样,其余完全相同,成为了外销画铺的绝佳写照。

让我们随着西方人的游记,见识一下工作中的林呱:"从街上进入林呱画铺便是商店,那是出售画作的地方。"② 林呱画铺销售种类繁多的外销画,有林呱绘制的肖像画,有学生或助手绘制的港口图,还有画工临摹的西方版画,以及数量更多的各种主题的水彩画册③,画铺生意量惊人,"如果要看完所有林呱画铺的这些画,包括画轴和画册需要一天时间"④。林呱一边绘画,一边操着蹩脚的英文热情接待访客,带领他们参观画铺。"他(林呱)以烟和茶招待我们,让我们观看了许多素描,并用他所掌握的英文与我们寒暄。之后,他拿起画笔开始为我的朋友画肖像。"⑤

林呱画铺"雇佣了一些中国人,允许他们画自己想画的内容。林呱出售他们的作品"⑥。1837年维拉见到林呱画铺:"一

---

① Carl Crossman, *The Decorative Arts of China Trade,* Suffolk, the Antique Collector's Club, Ltd, 1991,p.186,彩色插图64。
② Toogood Downing, *Fanqui in China in 1836-7*, London, 1838, Vol. II, pp.92-93.
③ 详见Albert Ten Eyck Gardner, Cantonese Chinnerys: Portraits of How-qua and Other China Trade Paintings, *The Art Quarterly*, Vol. XVI, 1953, Winter。
④ Albert Ten Eyck Gardner, Cantonese Chinnerys: Portraits of How-qua and Other China Trade Paintings, *The Art Quarterly*, Vol. XVI, 1953, Winter, p.318.
⑤ Albert Ten Eyck Gardner, Cantonese Chinnerys: Portraits of How-qua and Other China Trade Paintings, *The Art Quarterly*, Vol. XVI, 1953, Winter, p.317.
⑥ Old Nick,转引自Carl Crossman, *The Decorative Arts of China Trade,* Suffolk, the Antique Collector's Club, Ltd, 1991, p.87。

林呱画铺（采自 Old Nick, *La Chine Ouverte*, Paris, H. Fournier, 1845, p. 56）

间光线充足的房间内,几位中国人在画广州和澳门风光及内地风光的油画,欧洲人大量需要这类绘画,其中一些是优秀的学徒绘制的。"①还有一些学徒绘制水彩画或水彩画册页。这种册页的市场需求量极大,是以流水线的方式成批量绘制的:

> 林呱带我们去外面的房间,这是工作间,大约二十名年轻人正在白色或黄色的被称为"米纸"(rice paper)的纸上画画。……这些画其实并没有艺术可言,纯粹是一种机械的运作。这里认真地执行劳动分工,一位画工专门画树——另一位专门画人物,一位画手和脚——另一位画房屋。这样他们在各自的领域里都能出色地完成绘制,尤其是细节描绘,但他们中无人有能力独立创作一幅完整的画。②

大量的需求导致流水线上的机械制作,导致作品呈现出生硬呆板的面貌,艺术水平不高,价格也便宜。广州曾出现过多少外销画工,具体人数不得而知,相关记载透露某些信息,1848年美国传教士卫三畏(S. Wells William)称:"广州有两三千画工绘制外销画。"1863年他又说包括油画、象牙画和水彩画,"每年都有大量外销,广州有数以百计的画工从事绘制"。③

---

① Albert Ten Eyck Gardner, Cantonese Chinnerys: Portraits of How-qua and Other China Trade Paintings, *The Art Quarterly*, Vol. XVI, 1953, Winter, p.317.
② Albert Ten Eyck Gardner, Cantonese Chinnerys: Portraits of How-qua and Other China Trade Paintings, *The Art Quarterly*, Vol. XVI, 1953, Winter, pp.317-318.
③ Craig Clunas, *Chinese Export Watercolours*, Victoria & Albert Museum, Far Eastern Series, 1984, p.81.

中国画家（采自《伦敦纪事画报》，1859年4月30日）

鸦片战争之后，外销画家意识到市场形势发生了变化，他们不但主动迁徙搬迁，还主动学习新技术，寻找新出路，使外销画在形式和内容上均完成了由舶来艺术品到民间日用品的生产转化。

摄影术于19世纪30年代末在西方出现，很快被西方人带到广州。福格在《听雨丛谈》中记载了对广州西洋肖像画和摄影术的观感："粤东写真，操西洋法，阴阳向背，用皴甚厚，远望之一面突出纸上，颇得神理。近日海国又有用镜照影，涂以药水，铺纸揭印，毛发必具，宛然其人，其法甚秘，其制甚奇。"[1]绘画和摄影同样都是记录形象的手段，不过摄影术方

---

[1] 福格：《听雨丛谈》卷八，中华书局，1984年，第168页。

法快捷，价钱便宜，更胜一筹，吸引了更多顾客，要求绘制肖像画的人锐减，照片开始取代肖像画。清代文人倪鸿于1861年写有一首七言诗，描绘外国摄影师在广州开设照相馆，不需绘画即可取得人的肖像，且可"百年之内不模糊"，人们争相前往拍照，致使店主"日获洋钱满一车"①。

面对摄影术的新挑战，外销画家不得不逐渐改变服务项目，有些开始兼营摄影术。咸丰年间，在香港合伙经营油画业的周森锋、张老秋和谢芬三人，预见照相业在中国的前景，认为摄影和绘画有相通之处，合资延请香港外国兵营中一位懂摄影的人传授技术，学成后投资二百元购买器材，改营照相馆。几年后三人散伙，周森锋继续在香港经营，谢芬前往福州开照相馆，张老秋回到广州开设"宜昌"照相馆。②这种画师改业从事照相的情况，在早期摄影发展中有一定的代表性，它反映出外销画家的商品生产意识，他们随着市场变化主动调整经营方式，以满足人们对肖像和风光图片的需求。

与此同时，大部分外销画作品逐渐发展成为纯粹使用浓重的蓝、红、绿等颜色绘制装饰性的一条鱼、一朵花，或一位仕女等程式化图案，成为了纯粹的旅游产品。还有一些外销画家，学习掌握了新的石印技术，制作19世纪末期社会上日益流行的仕女月份牌和商标画，香港著名的关氏家族③就是典型的例子，外销艺术品完成了向日用品的转变。

---

① 倪鸿：《小清秘阁诗集》，又见《退遂斋诗抄》，诗名《照相篇》。
② 胡志川、马运增主编：《中国摄影史》，中国摄影出版社，1987年，第18页。
③ 有关香港关氏家族的情况，参见颜淑芬：《关氏家族史略》，载香港艺术中心编：《香港文化系列：月份牌王——关蕙农》，香港，1993年；《香港制造——香港外销产品设计史 1900—1960》，香港市政局，1988年。

外销画家笔下的大千世界

外销画家们以油画、象牙细密画、玻璃画和水彩画等多种西洋绘画形式进行创作,这些绘画形式对中国画家而言十分陌生,但广州的外销画家们很快掌握了这些绘画形式,创作了无数的外销画作品。

油画

油画是近代西方绘画中最重要的画种,油画的特点是颜料有较强的遮盖力,色彩效果丰富、耐久,能够于光线明暗中烘托出色彩的变幻,充分表现物体的真实感。油画作为西方绘画中最重要的形式,也是中国人非常陌生的形式,有意思的是油画却成为了广州口岸外销画的主要绘制形式,从工具到技巧到绘画理念都是西洋的。

外销画中的油画主要是描绘中外商人肖像、港口船舶画,以及临摹西方印刷图案,不仅题材广泛,而且绘制规模巨大,成为目前世界各大博物馆收藏的对象。比较著名的肖像画包括行商伍秉鉴肖像等,成为广州贸易的代表性图像。

此外还有一些长幅巨制,现在收藏于广东省博物馆的煜呱绘制的巨型油画"珠江风貌",是19世纪中叶外销画中

卢茂官肖像,油画,林呱绘制,广东省博物馆藏

广州商馆图,油画,煜呱绘制,广东省博物馆藏

海珠炮台,油画,煜呱绘制,广东省博物馆藏

伶仃洋的鸦片船,新呱绘制,广东省博物馆藏

罕见的巨制和优秀作品。

玻璃画

玻璃画是在玻璃背面用油彩或水彩绘制的绘画作品。18世纪，玻璃画是当时风靡欧洲的"中国趣味"时尚中光彩夺目引人遐想的物品，是早期外销画最突出的种类，进入19世纪玻璃画才逐渐被油画和水彩画等超越。

玻璃画最早见于15世纪意大利天主教圣像画，欧洲称玻璃画为背画（Back Painting），绘制技术难以掌握。这种绘画技法要求高，画家在玻璃背面按相反的方向绘制，观者从正面可以清晰地欣赏。18世纪时，欧洲已经不再流行玻璃画，此时广州成为了玻璃画的重要产地。清宫档案记载了西洋传教士绘制"玻璃油画"，耶稣会士钱德明（Amoit）在其回忆录中称玻璃画技术可能由耶稣会士从欧洲传入中国。[1]目前缺乏具体资料证明广州画匠是如何掌握玻璃画技法的，可以肯定的是他们最终掌握了这种难度相当大的绘画技术，并很快形成较大的生产规模，唐宁对广州出产的玻璃画评价甚高："这里值得一提的是中国人以玻璃画著称，这种艺术几乎在欧洲消失，但在中国却得到成功地创作，中国画家十分擅长画玻璃画，他们用色十分成功。玻璃画在中国大量用来做室内装饰等，在广州城郊，许多出售玻璃画的商店集中在一起，被外国人称为画家街（Painter Street）。"[2]德经（de Guigue）在游记中称广州是中国玻璃画的中心："画家喜欢用薄的玻璃镜作画板，因为厚的

---

[1] Margaret Jourdain & R. Soame Jenyns, *Chinese Export Art in the Eighteenth Century*, Great Britain by Fletcher & Son Ltd., 1950, p.34.

[2] Toogood Downing, *Fanqui in China in 1836-7*, London, 1838, Vol. II, pp.111-112.

牧羊女，玻璃画，广东省博物馆藏

玻璃镜会使颜色变浅，影响画面效果。他们一般用油彩绘制，有时也用树胶混合颜料组画，绘制时画家先画出图案轮廓，然后用一种特殊的钢制工具将镜背面相应部分的锡和水银除去，以便划出一块清晰的镜面来绘制图案。"[1]18世纪英国曾十分盛行这种在玻璃上转画版画图案的方法，具体做法是将一幅打湿的镂刻凹版画（mezzotint）朝下贴在涂好一层松节油的玻璃上，再将版画纸小心地用手指清除，只将图案轮廓留在玻璃上，然后再填上颜色。除镂刻凹版画外，有时也用线雕版画和铜版蚀镂版画（aquatint）。[2]这样玻璃画与原型版画大小一

---

[1] Toogood Downing, *Fanqui in China in 1836-7*, London, 1838, Vol. II, pp.111-112.
[2] Margaret Jourdain & R. Soame Jenyns, *Chinese Export Art in the Eighteenth Century*, Great Britain by Fletcher & Son Ltd., 1950.

广州十三行商馆,玻璃画,广州博物馆藏

致,广州外销画家掌握了在玻璃上转画版画的技术。当然,许多广州外销玻璃画与原型大小并不一致,这些就表明玻璃画绘制方式并非只有由版画转画一种形式。一幅现藏于英国维多利亚·阿尔伯特博物院(Victoria & Albert Museum)的水彩画,描绘了一位外销画家绘制玻璃画的情形:画家正在作玻璃画,桌子上立着一幅欧洲版画。画家手中握着中国毛笔,握笔方式是中国式的。[①]根据桌面的玻璃画和立着的欧洲版画可以看出画家是以相反的方向绘制的。

玻璃画主要是应欧洲中国趣味(Chinoiserie)的需要而生,属外销画早期的主要品种,绘制内容大多是描绘中国风景画,有

---

① 参见Craig Clunas, *Chinese Export Watercolours*, Victoria & Albert Museum, Far Eastern Series, 1984, p.38,图版12。

时添画上休闲的人物，画面上方是玻璃镜，整个玻璃镜面用齐本德尔（Chippendale）式①镜框或欧洲中国趣味式镜框，也有的用纯中国式镜框。玻璃画被运到欧洲，以其颜色鲜艳、做工精良和异国情调著称，当作壁炉玻璃或窗前镜。起初，广州玻璃制造业并不能令西方人满意，马蒂涅拉（Breton de la Martiniere）称广州有中国唯一的玻璃厂："那里生产玻璃和玻璃镜，用欧洲方式镀水银，但制作并不成功，工人们不知道怎样正确使用原料。"②有人甚至将玻璃从欧洲运来，在广州绘制好后，再运回欧洲。1764年，包蒙特（Elie de Beaumont）就曾提到从英国运玻璃来广州绘制，然后再运回英国。③

玻璃画题材广泛，反映中国社会生活的各个方面，引起人们对遥远中国的遐想，为欧洲的中国趣味添上新的内容。收藏于荷兰莱顿的国家人种博物馆的19幅广州外销玻璃画反映了玻璃画题材的大致情形，1785—1790年间这些画绘制于中国广州，其中部分1816—1821年由广州运到海牙，再于1883年从荷兰海牙转送到莱顿。这些玻璃画质量和尺寸相近，肯定是同一时期绘制出来的。此外，这些画题材广泛，比较集中地展现了外销玻璃画的多种题材，内容包括：广州珠江沿岸商馆区风光、广州黄埔锚地、珠江荷兰炮台风景、中国花园、中国家庭生活情景、盂兰盆会、龙舟赛、拜见官员、宫廷宴会、打猎、

---

① 齐本德尔（Chippendale）式是指18世纪英国设计师齐本德尔所设计的客厅家具式样，成为18世纪英国客厅家具制造的典型风格，以轻巧为主要特点。
② Margaret Jourdain & R. Soame Jenyns, *Chinese Export Art in the Eighteenth Century*, Great Britain by Fletcher & Son Ltd., 1950, p.35.
③ Margaret Jourdain & R. Soame Jenyns, *Chinese Export Art in the Eighteenth Century*, Great Britain by Fletcher & Son Ltd., 1950, p.35.

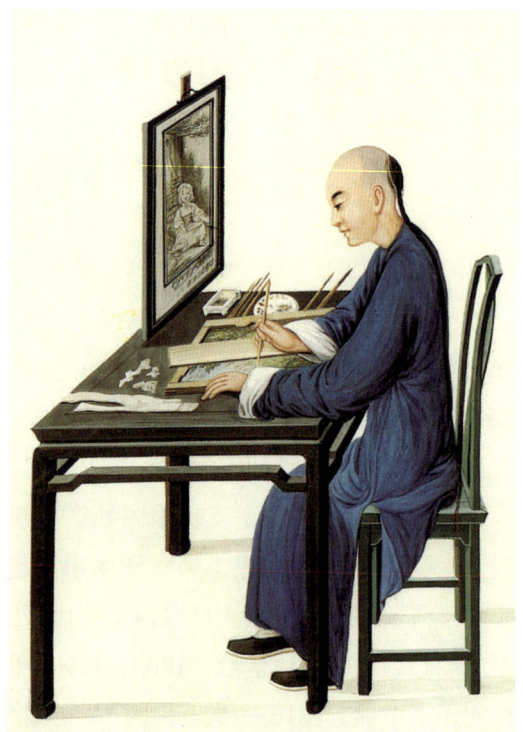

外销画家绘制玻璃画（采自Craig Clunas, *Chinese Export Watercolours*, Victoria & Albert Museum, Far Eastern Series, 1984, p. 38，图版12）

下围棋、婚礼情景、觐见皇帝、皇家花园、皇帝春耕仪式、收割庄稼、制作瓷器、种植茶叶、纺织丝绸等等，充分体现了外销画的主要题材。①

从18世纪80年代起，随着欧洲中国趣味逐渐消散，玻璃画出现了新的趋向，大量西方版画图案和印刷图案被带到广州，

---

① Paul L. F. van Dongen, *Sensitive Plates, Nineteen Chinese Paintings on Glass*, Sikkens Painting Musuem, Sassenheim, and National Museum of Ethnology, Leiden, the Netherland.

莲生贵子，玻璃画，广州博物馆藏

图案题材十分广泛，包括政治、社会、历史、文学、宗教及神话等各个方面，反映当时西方世界的社会文化状况，被画家复制在玻璃镜上，成为玻璃画的主要绘制内容。

象牙细密画

细密画指一种画在书籍、徽章、匣子或宝石、象牙等首饰上的小型、便携和精致的图案，以肖像和装饰画为主。公元前2000年之前便开始作为装饰出现在埃及的卷物上，古希腊罗马

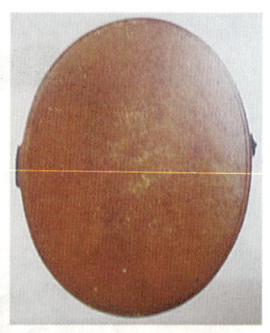

外国商人肖像,细密画,广州博物馆藏

十分流行。16世纪后基督教《圣经》和祈祷书上开始十分普遍地应用。15、16世纪后,随着人们对展示个性的精致肖像的兴趣日增,以肖像画为主的细密画在西方社会日益盛行,最初主要流行于法国宫廷,后逐渐向欧洲其他国家扩展。16世纪英国细密画家海利尔德(Nicholas Hilliard)运用椭圆形画板制作细密画,椭圆形很快成为欧洲流行的形式。18世纪初意大利细密画家卡里拉(Rosalba Carriera)使用象牙作画板获得成功,象牙的光滑表面十分适合展示透明水彩的效果。这样椭圆形象牙细密画逐渐成为18、19世纪细密画的主要形式,并逐渐形成各种不同的象牙细密画艺术流派。

大体而言,象牙细密画尺寸非常小,是那个年代易于携带的"照片"。细密画在当时加尔各答和广州等港口都有出售,除了尺寸较小、易于携带外,还可以享受减免关税的优待[1],为水手商人们喜爱。他们在广州期间便请画工绘制自己的象牙细密肖像画,寄回国以慰亲人相思。美国费城商人费舍(Redwood

---

[1] 陈继春:《钱纳利与澳门》,澳门基金会,1995年,第21页。

Fisher）现存的一张象牙细密画上写着："里德伍德·费舍肖像，1782年8月18日生，1856年5月17日去世。此画于1805年在广州画于象牙上。"费舍于1805、1818和1820年三次来广州贸易，是当时美国费城主要的对华贸易商。① 还有一些罕见的象牙画，尺寸比一般的象牙细密画要大，绘制的内容也不仅仅是肖像，有的甚至清晰地描绘了广州口岸的风光。比如美国南卡罗来纳州查里斯顿（Charleston）的马尼高特（Louis Manigault）1850年在广州请廷呱用在一块颇大的象牙上为自己绘制细密肖像画，画面上马尼高特靠在一间房内的椅子上，由一位手持写着"广州　路易斯·马尼高特"的信件的仆人相伴，背景是窗外隔江相望的商馆，马尼高特这样记述了这幅细密肖像画：

> 我父亲在广州时，在他能找到的最大的象牙上留下了自己的肖像……我也同样把我的肖像画在一块7英寸×5¾英寸的象牙上……也许是林儿子廷呱②绘制了我父亲的肖像。他绘制的我的肖像，不大像我本人，只能作为一件新奇之物送回家。在画中我倚靠在旗昌洋行公司的椅子上，佣人把一封父亲来信递给我。向窗外望去是广州商馆的景色。我穿着在广州时的衣服。这位画家尽力想画得与我真人一样。③

---

① Carl Crossman, *The Decorative Arts of China Trade,* Suffolk, the Antique Collector's Club, Ltd, 1991, p.58.
② 此处为误记。廷呱为林呱的弟弟。
③ Louis Manigault, Journal, pp.25-27，转引自Carl Crossman, *The Decorative Arts of China Trade,* Suffolk, the Antique Collector's Club, Ltd, 1991, pp.99-100。

黄埔锚地，象牙油画，广州博物馆藏

现藏在广州博物馆的象牙油画"黄埔锚地"更是比较特别的象牙细密画，画家绘制了非常经典的从长洲岛眺望黄埔锚地图，色彩鲜艳，描绘了各国船只停泊于此进行贸易的盛况。

水彩画

水彩画包括水彩画（Watercolour）和水粉画（Gouache）两类，是近代西方绘画常见的画种，不同于中国传统绘画中的山水画和水墨画。水彩画、是用水溶解颜料画于纸上的绘画，作品可借水分表现出色调的浓淡和不同程度的透明度。作画时，画家往往利用画纸的白地和水分互相渗融等条件表现出明朗、轻快、湿润等效果。水彩画导源于15至17世纪带有褐色渲染的素描，18世纪发展成独立的画种。水粉画则是用粉质所制颜料与水调和绘制，画作颜色不透明，既没有油画颜料的粘

广州商馆区,纸本水粉画,广州佚名画家绘制,广东省博物馆藏

凝,也没有水彩颜料的渗化,运用得当,能兼有厚重和明朗轻快的效果,可画在画布、纸板或各种画纸上,也可以画在有色纸上。广州外销水彩画通常画在纸上,也有作于丝绸和其他画纸和通草纸上,从现存作品看,主要包括绢本水粉画(gouache on silk)、纸本水粉画(gouache on paper)、通草纸本水粉画(gouache on pith paper)、纸本墨笔画(ink on paper)及纸本水彩画(watercolour on paper)。其中通草纸(pith paper),西方人又称之为米纸(rice paper)。

外销水彩画册的制作多由画工在画铺以流水线的方式绘制,具体绘制方法大体有以下几种:其一,从木刻版画中印下轮廓,再由画工上色。大多数水彩画都没有显现出自由绘制的线条。其二,来自湿墨水画,具体办法是:"墨水轮廓先被压

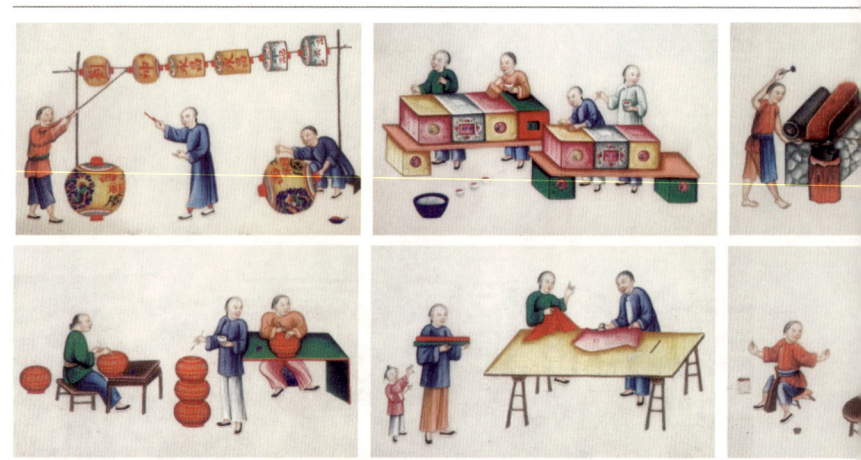

各行各业，一套10幅，通草水彩画，广州博物馆藏

在纸上，墨水干后画工便在草稿上填色。一个轮廓可以使用几次，在大的工厂不同的色彩由不同的工匠完成。"①这两种方法绘制出的水彩画，可以解释为什么相同主题的水彩画能够反复被不同画铺的画工准确地完成，固定的人、物、景相当长的时期内反复出现在外销水彩画册上。其三，一则对林呱画铺的描绘中记载了第三种绘制水彩画的方式："图案经常是用透明的纸以十分机械的方式描出来，每一个画家都有许多印刷好的图案轮廓，他每次构图都选择他所需要的元素，一艘船、一个官员、一只鸟或其他东西"，在描好轮廓后再上色。②三种绘制水彩画的方式表明水彩画的制作并非画工自由即兴之作，而是程式化的机械制作，以期能批量生产，满足外销市场的大量

---

① Craig Clunas, *Chinese Export Watercolours*, Victoria & Albert Museum, Far Eastern Series, 1984. p.76.
② Old Nick, p.58, 转引自Carl Crossman, *The Decorative Arts of China Trade*, Suffolk, the Antique Collector's Club, Ltd, 1991, p.188.

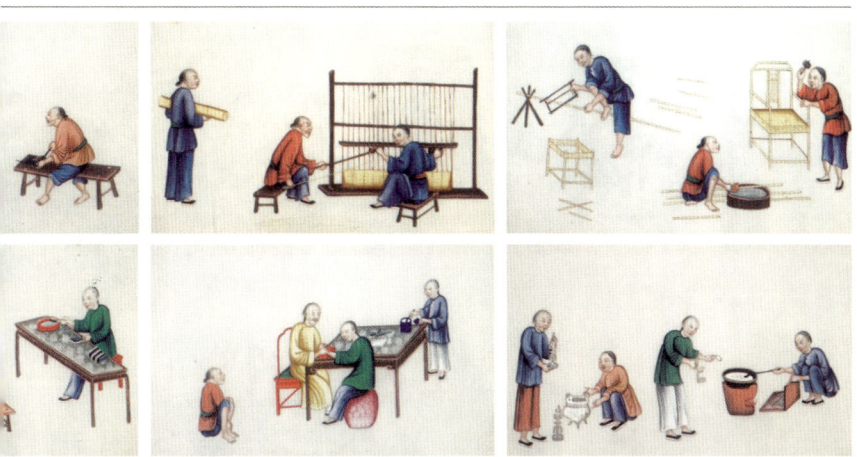

需求。

  这里值得一说的是通草纸（pith paper）画，这是19世纪初逐渐兴起的一种外销画。不同于一般的纸张，通草纸直接用通脱木（别名通草）的茎髓（树干内的海绵样组织）切割加工而成。产于湖南、四川、贵州、云南、广西、广东和台湾等地的通脱木，最高可生长到30英尺。通常在长到10英尺的时候，通脱木的茎髓就可以被切割成纸片了。用以制作通草纸的都是比较幼嫩的树，所割取的树茎的直径很小，充其量不过两三厘米，最好的茎髓取自树茎的顶端，树越幼嫩，茎髓也就越坚韧而洁白，通脱木的树茎很少是完全笔直，因而手工切割通草纸必须具备非常高超的技巧，而且切割成的通草纸面积都不会很大。这种从通脱木上直接获取的"纸"，由于其洁白柔韧，被西方人误称为"米纸"（rice paper）。由于通草纸的特殊性，广州外销画家们也发展出独具特色的绘制工艺。在一般纸上着

官宦人家居室生活,一套12幅,通草水彩画,广州博物馆藏

人生成长，通草水彩画，广州博物馆藏

色，容易流于平板呆滞，而通草纸小巧玲珑，坚韧而洁白，非常适合展现水彩的颜色，在通草纸上着色，经过光的折射，能够呈现出几近马赛克玻璃斑斓缤纷的效果，鲜艳亮丽。通草纸画价廉物美，又能够充分地将别样的异国情调传达给西方人，很快成为来广州的西方人必买的旅游纪念品。广州的通草纸画出口数量巨大，经久不衰，直到19世纪末，仍当时广州旅游指南中必然推荐的广州特产。

外销水彩画的形式多种多样，绘制主题极其广泛，无所

澳门、广州、黄埔和香港港口风光,一套4幅,通草水彩画,广州博物馆藏

不包。1796年,荷兰人范罢览从广州将一批水彩画带到美国,作为对中国的留念。这批画1799年在伦敦克里斯地(Christe)拍卖行拍卖,集中呈现18世纪末广州外销水彩画的绘制主题:"这组水彩画大约1700张,分成38卷,包括多个主题:港口图、风景画、广州及其附近风光、贸易情景、船舶画、鸟类、昆虫、海关面貌、商人肖像,以及航海图和地图等。""其中七卷画包括各种各样非常好而有趣的中国各地风光、花园及

中国船舶，一套7幅，通草水彩画，广州博物馆藏

人物画。"①美国人赫德（Augustine Heard）藏品中也有两组廷呱画室出产的水彩画，一组56幅，一组34幅，主题多样，包括香港和广州口岸风光，珠江沿岸港口、商馆，花、鸟和不同的河面风景画，还有广州口岸的西式教堂，美国琼记公司（Heard & Company）在广州的建筑物，另有几张描绘的是茶叶、丝绸和米的生产种植过程。其中最罕见的是一组菲律宾男女的人物画，临摹自在菲律宾的画家阿森皮西安（Tristiniano Asumpcion）的作品。这两本画册展示了19世纪中叶外销水彩画的主要题材。②

水彩画绘制工艺并不复杂，适合流水线作业，价格便宜而大量运销西方。水彩画绘制的主题包罗万象，向世界展现了中国社会的方方面面，在向西方介绍中国社会文化方面起到了非常重要的作用，在这种意义上"水彩画是外销艺术中最令人兴奋和典型的种类"③。

---

① Carl Crossman, *The Decorative Arts of China Trade*, Suffolk, the Antique Collector's Club, Ltd, 1991, p.175.
② Carl Crossman, *The Decorative Arts of China Trade*, Suffolk, the Antique Collector's Club, Ltd, 1991, p.192.
③ Carl Crossman, *The Decorative Arts of China Trade*, Suffolk, the Antique Collector's Club, Ltd, 1991, p.202.

附录　清代中国外销画家一览表

名称	工作时间	地点	绘制形式及内容	备注
修先生 Siou Sing Saang	1740—1750年	广州	玻璃画	
斯波依隆 Spoilum	1765—1805年	广州	玻璃画、油画、肖像、港口船舶画、风景画及其他	
惜呱 Cin Qua	1780—1800年	广州	玻璃画	
浦呱 Pu Qua	1780—1800年	广州	水彩画、玻璃画。街道景色、人物画	
福呱 Foei Qua（Ah Foo, Fou Qua）	1800—1825年	广州	肖像、港口船舶画、风景画及其他	
关作霖	嘉庆中叶	广州	肖像写真	
老林呱 Lam Qua Sr.	1805—1830年	广州	油画、象牙细密画。肖像、港口船舶画	
美兴 Mayhing	1810—1820年	广州	港口画	
兴呱 Hing Qua	1810—1825年	广州		
唐呱 Tan Qua	1811—1812年	广州	素描	
三兴 Sam—hing	1811—1812年	广州	临摹英国印刷图	
同呱 Tong Qua	1810—1825年	广州		

(续表)

名称	工作时间	地点	绘制形式及内容	备注
小同呱 Tong Qua Jr.（Toon Qua）	1810—1825年	广州	象牙细密画	
"1822年大火"画家	1810—1830年	广州	油画、象牙细密画	
发呱 Fat Qua	1810—1830年	广州	玻璃画、水彩画、象牙细密画。港口船舶画	
卢呱 Luc Qua	1820—1850年	广州	油画、象牙细密画	
林呱（关乔昌）Lam Qua	1820—1855年	广州 澳门 香港	油画、水彩画。肖像、风景、港口船舶画	
"亨利·吐克号（Henry Tuke）"画家	1825—1840年	广州 黄埔		
"灵提号（Greyhound）"画家	1825—1840年	广州 黄埔	船舶画	
恩呱 Yin Qua	1830年代	广州		
顺呱 Sun Qua	1830—1853年	广州	油画、水彩画。港口船舶画、风景画	
蒲廷呱 Protin Qua	1830—1850年	广州		无作品留存，可能是廷呱

（续表）

名称	工作时间	地点	绘制形式及内容	备注
廷呱（关廷高、关联昌）Ting Qua	1830—1870年	广州	水彩画、象牙细密画	为林呱的四弟，字俊卿，又号廷呱、听呱
南昌 Namcheong	1840—1870年	黄埔 香港	港口船舶画、风景画	
优呱 You Qua	1840—1870年	广州 香港	油画、水彩画。港口船舶画、风景画	
钟姓画家 W. E. Chung	约1850年代	香港	船舶画	
清呱 Chinc Qua	约1850年代	广州	通草纸本水彩画	
重呱 Chong Qua	约1850年代	广州	通草纸本水彩画	
泰昌 Taicheong	1850—1870年	香港	港口船舶画	
李衡 Lee Heng	1850—1870年	香港	船舶画	
亚庭 Ating	1860年代	香港	油画、细密肖像画	
兴呱 Hing Qua	1850—1880年	香港	肖像、船舶画、航海图	与前述"兴呱"同名
周呱 Chow Kwa	1850—1885年	上海	油画、水彩画、象牙细密画。肖像、港口风景画	可能也是摄影师
黎顺 Lai Sung	1850—1885年	香港	船舶画	兼营摄影

(续表)

名称	工作时间	地点	绘制形式及内容	备注
煜呱 Yeu Qua	1850—1885年	香港	油画、象牙细密画。肖像、港口船舶画	
常呱 Chang Qua	1860年代	香港	船舶画	
昌呱 Cheung Qua	1860年代	不详	通草纸水彩画	
金启 King Kee	1860年代	上海	水彩画	
陈姓画家 K. C. Chan	1860年代	不详	船舶画	
永重 Wing Chong	1860—1880年	香港	船舶画	
宏呱 Hung Qua	1860—1890年	香港	肖像画、船舶画、航海图	
黎芳 Lai Fong	1870—1900年	加尔各达	船舶画	
庞屋 Pun Woo	1880年代	香港	船舶画	
呱思 Qua Sees	1880年代	香港	船舶画、肖像画	
一昂 Yat On	1880年代	广州	水彩画	
吴俊 Wu Jun	19世纪下半期			
周裴春 Chou Pai Chuen	1890年代	北京	通草纸水彩画	

说明：画家中文名称除有中文记载的之外，其余为音译。

资料来源：

Crossman, 1991.

Patrick Conner, "The Enigma of Spoilum and the Origins of China Trade Portraiture", *Antiques*, March, 1988.

Wathen, 1812.

John Thomson, *Through China with a Camera*, London and New York, 1899. 维院, 2003年。

巧手慧心的传统广绣

广绣是以广州为中心的珠江三角洲地区的刺绣工艺的总称，又称广府刺绣或广州刺绣。在清末民初，广绣与苏绣、湘绣、蜀绣并称为"四大名绣"。对于广绣与其他三大绣的区别，沈从文曾这样总结：

> 广绣有一特征，为一般谈刺绣的较少道及，就是它始终不受较前或同时文人画影响，还保留女红传统中不可少的巧手慧心，以细密针线繁复色彩自出心裁来进行创作。[1]

沈从文认为，传统广绣在创作方面"突破了苏绣文人画的局限""充满对于自然环境的倾心""充满本地刺绣创作上的热情和天真""充满了民间趣味"。[2]同时，广绣的绣工却又精细异常，具有构图饱满、花纹繁密琐细、纹理清晰、色泽富丽、针法多样、善于变化等工艺特色。

关于广绣的历史记载，最早可追溯到唐代。据记载：

> 唐永贞年，南海贡奇女卢眉娘，年十四岁。眉娘生，眉如线且长，故有是名。……眉娘幼而慧悟，工巧无比，能于一尺绢上绣《法华经》七卷。字之大小，不逾粟粒，而点画分明，细如毛发。其品题章

---

[1] 沈从文：《谈广绣》，1962年8月9日发表于《羊城晚报》，1986年5月收入商务印书馆香港分馆《龙凤艺术》一书。后收入氏著：《龙凤艺术》，北京十月文艺出版社，2010年，第198页。

[2] 沈从文：《谈广绣》，载氏著：《龙凤艺术》，北京十月文艺出版社，2010年，第197—198页。

句,无不具矣。更善作飞仙盖,以丝一钩,分为三段,染成五色,结为金盖五重。其中有十洲三岛、天人玉女、台殿麟凤之像。而执幢捧节童子,亦不啻千数。其盖阔一丈,称无三两。煎灵香膏傅之,则坚硬不断。①

卢眉娘来自南海即广州,这段记载说明唐代广绣已达到很高的水准。

明代正德九年(1514),葡萄牙人航抵广州外港屯门,购买广绣艺人绣制的龙袍绣片回国献给国王,受到国王的赏赐。广绣品从此经葡萄牙商人之手出口渐多。朱启钤《存素堂丝绣录》也记载广绣绣品"铺针于毫芒,下针不忘规矩,以马尾缠作勒线,从而勾勒之,轮廓花纹自然、工整、明显,针眼掩茬,天衣无缝"②。广绣艺人还善于利用动物羽毛作线进行刺绣,据屈大均《广东新语》记载:"粤人……又有以孔雀毛绩为线缕,以绣谱子及云肩袖口,金翠夺目,亦可爱。其毛多买于番舶,毛曰'珠毛',盖孔雀之尾也。每一屏尾价一金,一屏者一孔雀之尾也,以其尾开如锦屏,故曰'屏'。"③说明当时的刺绣艺人不仅能熟练地使用绒线刺绣,而且创造性地使用马尾以及来自海外的孔雀羽毛作线缕和勒线刺绣,可见技艺的高超。

到了清代,广州旺盛的外销内贡需求,成就了广绣盛世。

---

① 李昉等编:《太平广记》卷六十六,人民文学出版社,1959年,第413页。
② 转引自《中国刺绣艺术发展概述》,载《中国织绣服饰全集》第二卷《刺绣卷》,天津人民美术出版社,2004年,第26页。
③ 屈大均:《广东新语》卷十五《货语》,广东人民出版社,1991年,第376页。

清末在广州民间就流传着这样的顺口溜：

> 广绣广绣，广府名流。神功会景，官袍锦袖，荷包绣片，漂洋过埠。赊佬绣工，养家活口，工精艺好，仲靠揽头。若无阔佬，衣食难求。①

这里唱的"赊佬"，应写作"花佬"，"花"字读"些"音，指的是男性绣工。"仲靠"是粤语，意为"还得靠"。"揽头"指接揽绣品生意发给绣花工制作的牙人。"工精艺好，仲靠揽头"，指的是绣工的技艺再好，还是要靠揽头招揽绣活才能开工赚钱。

清代乾隆年间，广州刺绣业成立了行会组织锦绣行绮兰堂，其行规中有一条重要的规定，认男不认女，女子绣花绣得再好也只能是"从属"，不得到行会里抛头露面；只有俗称"花佬"的男绣工才能加入行会，所以在传统广绣行业中，是"花佬"一统天下。在19世纪至20世纪初"花佬"的兴盛时期，一般的刺绣分上下两道工序，来自珠江三角洲南海、番禺、顺德农村妇女组成的女绣工只能做第一道工序，按图稿以平针针法绣简单的部位；之后的第二道工序交"花佬"完成，由他们专绣人物脸部五官的喜怒哀乐，衣服上的纹饰褶皱，以及飞禽走兽的嘴爪、神态和羽毛花翎等细部。由于"花佬"进行的是精加工，工钱要比女工高许多，在广绣行内称为上手工。在清中期，广绣的外贸出口畅旺，供不应求。最繁盛之时，广州刺绣有绣坊、绣庄50多家，主要集中在状元坊一带；

---

① 龚伯洪编著：《万缕金丝——广州刺绣》，广东教育出版社，2010年，第6页。

行会内的"花佬"有三千余人,同时从事辅助性刺绣工作的女工,粗略估计有上万人之多。

清代广州番禺人徐锡瓒曾作《竹枝词》一首,描绘珠江三角洲一带众多的绣娘(女绣工):

> 唱罢南音昼正长,拈针微笑绣鸳鸯。
> 阿侬家住莲花井,嫁得檀郎似六郎。①

19世纪的外销通草纸画中有不少描绘绣娘在绣花的画面,说明在清代的珠江三角洲,绣花(即传统广绣)非常普及,家家户户都有绣娘在"绣鸳鸯"。

当时承接各类绣品的绣庄不少,业务范围基本涵盖了传统广绣的几大品种。广东民间工艺博物馆收藏有清代广东彩元绣庄的一份告示,从中可看到传统广绣绣庄经营的多个品类以及经营情况。以下是这份告示的内容:

通草画绣花

> 原始创老铺向在广东藩台前,朝北,门面开张。
> 本号承办进呈入贡各等绣货,专办各省文武蟒袍、珍珠补褂、朝衣朝裙、女蟒霞帔、各式挽袖、

---

① 《羊城竹枝词》,清光绪三年(1877),见欧阳子整理:《广州历代竹枝词(选刊之三)》,《羊城今古》1989年第2期。

广东彩元绣庄告示,广东民间工艺博物馆藏

花边裙、花宫装、云肩、旗装绣货、珍珠翎毛、洋金古龙、缂丝、搠纱、拉锁、顾绣、大小满汉荷包,朝带上绣翎毛、花卉、鸟兽、亭台楼阁、山水人物,围屏、寿幛、桌上插屏、斗方、挂屏、炕上围屏、大小座屏、中堂对联、条幅挂屏、簷彩铺垫、被褥帐簷、灯㡞帐㡞、洋金银线、时款裤带、翎毛团扇、栏杆衣边、胭脂宫粉、绒线杂货一应俱全。本号不惜工本,拣选精工巧手名绣,俱仿名家书画。永无乡里工绣,近有无耻匪徒,将乡里工绣低货混充,在外贱售哄骗,希图射利,以假冒真,致有鱼目混珠之杂,特此告知,以辨假而崇真。所有贡品绣货,童叟无欺。凡绅商赐顾者,请细认本号仿帖,庶不致误。

分设一栈在省城内广州府前小马站口,坐南朝北,门面发货。

巧手慧心的传统广绣

彩元绣庄主人何竹斋谨识。

从彩元绣庄的这则告示，我们了解到绣庄经营的广绣品类极其多样，既有贡品，也有官袍朝服，还有各种衣饰品、神功用品、寿帐、日常用品和外销产品等等，与上文顺口溜中概括的传统广绣的几个品种基本相同，应不同群体和用途的需

清钉金绣孔雀补子（文官三品），广东民间工艺博物馆藏

清光绪石蓝缎地寿字团花补子，广东民间工艺博物馆藏

清光绪石蓝缎地金银线绣八宝纹荷包，
广东民间工艺博物馆藏

要，形成了丰富的品类和风格。告示末尾处还强调绣庄经营的绣品都是精工名手所绣，与其他店号将"乡里工绣"混杂其中以次充好不同。可见当时广州城内的绣庄也是档次不一、鱼龙混杂。沈从文在故宫也见过传统广绣的多个品种，有镜屏、挂屏、挽袖、裙子、镜帘、扇套和小荷包等，多绣以花草鸟兽、人物故事，如"百花白鸟""凤穿牡丹""孔雀开屏""松鹤延年""鹿鹤同春""玉堂富贵"等等幸福吉祥的主题画。花纹"繁密琐细"，构图饱满、针程匀整，做工十分精美。[1] 广东民间工艺博物馆收藏有数件20世纪50年代从故宫博物院调拨过来的广绣作品，还有多件清代广绣的精品，从中可让我们领略到清中后期广绣的丰富品类、艺术风格和制作工艺。

---

[1] 沈从文：《谈广绣》，载氏著：《龙凤艺术》，北京十月文艺出版社，2010年，第195—197页。

民国初年黄地松鹤纹扇套,广东民间工艺博物馆藏

清中期钉金绣团花孔雀裙,广东民间工艺博物馆藏

清状元坊"谦泰造"罗伞,广东民间工艺博物馆藏

广东民间工艺博物馆藏的民国初年黄地松鹤纹扇套的样式在清代广为流行,是名贵折扇的包装。该扇套绣面虽小,但构图繁密,全赖其精细规整的绣工。表现松叶的松叶针、表现动物眼睛的旋针等传统针法,运用得一丝不苟。更多部分则采取了灵活多变的技法:树干、石头、花瓣等用拉锁子针,在有限空间里塑造出丰富色彩和立体质感;白鹤羽毛采取了起鳞霎彩绣法,白羽中掺进一撒黑羽,栩栩如生。

清状元坊"谦奉造"罗伞属于神功用品。神功用品指的是在喜庆或祭祀场合的用品，罗伞应是民间举行祭典巡街时所用，其顶部绣有"谦泰造"字样，"谦泰"是状元坊内有名的绣坊；还有台围，平时铺放在祭祀用的供桌上。这些神功用品运用钉金绣、留水路等富于装饰的绣法及多种针法，色彩浓艳，极具民俗特色。

广东民间工艺博物馆藏的绣"福禄寿"图寿帐，右上侧绣有题句"秉之亲家大人暨德配李夫人五旬双庆"，左下侧落款"姻世弟王世禄率侄文铨、文远鞠躬恭介"，寿帐画心绣麻姑和寿星献寿图，是王世禄率两个儿子给亲家秉之和夫人双双庆祝五十大寿之用。寿帐用色明亮喜庆，充分体现了"广彩近俗"的特色。采用的刺绣工艺传统而丰富，人脸以续针表现，针眼较为明显；花瓶部分运用了迭格针，塑造层次感与立体感；人物服装运用了满针、飒针等针法，桃红色块运用了补贴绣工艺；头发上的花纹运用了锦上添花绣工艺，等等。

此外，质量上乘、图案时尚的桌布等实用品，极受欧洲消费者欢迎，大量远销海外。大披肩自明清至今，均是广绣外销实用品中的一大品类，如广东民间工艺博物馆藏的清末广绣花鸟纹披肩。这些披肩多用结构较为粗实的线来绣，绣法以平绣为主，耐磨耐用。

值得一提的还有广东民间工艺博物馆收藏的清末民初绢地线绣"百鸟朝凤"图座屏，设计充满岭南地方特色。只见其画面构图饱满、气氛热烈、生机盎然，充分体现了传统广绣巧手慧心的魅力。绣画中雄孔雀在竞放的牡丹、玉兰、梅花间开屏而立，与雌孔雀含情相视；锦鸡、喜鹊、燕子和蝴蝶飞翔其间。作品针法多变，分别运用了扭针、续针、撕针、咬针、勒

清钉金绣"吉祥如意八仙"图台围,广东民间工艺博物馆藏

绣"福禄寿"图寿帐,广东民间工艺博物馆藏

巧手慧心的传统广绣

清末广绣花鸟纹披肩,广东民间工艺博物馆藏

针等多种传统针法,表现各种物象的姿态;针法细腻整齐,针步均匀、光滑平整,"水路"清楚。作品具有传统广绣的典型风格,装饰味浓,充满了对"自然之美"的倾心,与其他绣种喜欢选用的文人画稿的构图风格大异其趣。

总的说来,广绣色彩富丽,针法精巧细密无比。这种高超的技术曾经在一定程度上限制了广绣的艺术成就,所以广绣到了19世纪才把艺术设计由之前比较过时的几何图案或对称花鸟图案,改向写生和象生。不过,其崇尚自然,充满天真和热情,充满民间趣味的风格,创作上不依附文人画,不仅突破了

清末民初绢地线绣"百鸟朝凤"图座屏,广东民间工艺博物馆藏

苏绣文人画的局限,也突破了自己固有的传统局限,使得广绣在19世纪晚期的工艺中独放异彩。

因为广绣历史的悠久及其在民间的普遍性,2006年5月30日,国务院公布的第一批《国家级非物质文化遗产名录》中,广绣作为粤绣的重要部分而被列入保护名录。未来广绣的保护与传承,首先是要把技术上的长处好好保留并加以发展,然后不要把广绣当成纯赏玩品来看待,而是回归本来与日用生活发生多方面的联系,在设计上兼顾经济、实用和美观,改良新的美术设计,使广绣有更美好的发展前景。

五彩缤纷的外销成扇

扇子在中国的历史，最早可追溯到新石器时期。但后来流行的折扇却并非中国的发明，而是在北宋端拱元年（988）由日本经高丽传入[1]。从15世纪开始，折扇作为书画的媒材，成为中国上层阶级的日常用品。自明宣德四年（1429）开始，宫廷形成了"凡端午节文武百官俱赐扇"的惯例。

进入清代，宫廷中精美的成扇不仅仅用于赏赐臣子，还跨越国界，远赐西洋诸国。据档案记载，雍正三年（1725）十月"初七日，总管太监张起麟着首领太监周士福交来……各样扇子一百把……传旨：'赏西洋国教王，钦此'"。[2]雍正五年（1727）四月"二十八日，郎中海望、员外郎沈崳传做盛赏西洋国王磁器、缎子等件，用杉木箱四十个，楠木箱一个，记此……内装物件开方：米家山水宫扇一把、绣花宫扇一把、透绣百古宫扇一把、透绣云龙宫扇一把……透绣宫扇五把……以上物件郎中海望着催总常保、柏唐阿五十八送去交御史常保住讫"[3]。由此，清宫成扇传入了欧洲。

在18、19世纪广州生产并出口欧美的外销艺术品中，各种材质的成扇数量惊人、引人瞩目。据记载，清光绪六年（1880）中国出口货品清单中，各个种类扇子的数量达到6287989把，共值银38881两。[4]这些在广州制作的"广州扇"就材质而言，

---

[1] 石守谦：《山水随身：十世纪日本折扇的传入中国与山水画扇在十五至十七世纪的流行》，《美术史研究集刊》第29期（2010年），第3—5页。
[2] 中国第一历史档案馆、香港中文大学文物馆合编：《清宫内务府造办处档案总汇》第一册，人民出版社，2005年，第456—457页。
[3] 中国第一历史档案馆、香港中文大学文物馆合编：《清宫内务府造办处档案总汇》第二册，人民出版社，2005年，第588页。
[4] Neville John Irons, *Fans of Imperial China*, Kaiserreich Kunst（Hong Kong）Ltd., 1982, p.44.

大致可分为象牙折扇、象牙团扇、纸面折扇、纸面团扇、蕾丝银扇、玳瑁折扇、金漆折扇、檀香折扇等八大类别。[①]当中又以制作于康熙、雍正及乾隆中期以前,被称为卜瑞斯扇(Brise Fans)的象牙折扇做工最为精细,也最名贵。当时成扇的制作根据外销市场的需要而考虑材料、工艺、题材和装饰风格,乾隆中期以前以卜瑞斯象牙折扇为主,之后开始用玳瑁、黑漆描金、银、贝壳作扇面或扇骨,发展到嘉庆以后出现了纸质扇面、丝质扇面、檀香木扇面等,反映了不同时期贸易和市场的需求,这种需求也与生产成本由较昂贵变化为较低廉相适应。

广州所做的象牙折扇最早见于康熙(1662—1722)晚期,在公元1700年前后,直至1730—1750年间,此时期的象牙折扇扇形较小,展开时约呈90度左右,边骨加彩绘,而无雕工,扇骨有少量透雕几何纹,扇面彩绘,扇骨用丝绳连接;扇面的彩绘类似于同时期被称为"中国伊万里"的外销瓷风格。

康熙和雍正年间的象牙折扇传世极少,非常名贵,此时期的彩绘象牙折扇成为欧洲人的珍贵礼物。之后,从乾隆到嘉庆早期,广州制作的外销成扇可谓五彩缤纷、巧夺天工。

此时广州的外销象牙扇制作进入了鼎盛时期,造就了一大批技艺精良的新型制扇工匠。英国人威廉·希克(William Hickey)于1768年来到广州,他在游记中记载了当时十三行附近店铺里的各种工匠和手艺人,其中就提到了制扇工匠:"这里有玻璃画工、制扇工匠、象牙工匠、漆器匠、宝石匠及各种

---

① 关善明:《中国扇具》,《沐文堂收藏全集》12,香港沐文堂美术出版社有限公司,2011年,第25页。

象牙镂空彩绘"渔家乐"图折扇,广东民间工艺博物馆藏

各样的手艺人。"①

此时象牙扇的典型样式更有装饰的意味，整把扇子都透雕复杂的图案，其中混合了中国的几何图案和欧洲新古典主义的盾牌纹章，在工艺方面有很大的改进。从制扇技术和纹饰来看，乾隆年间外销象牙扇在技术上有了很大的改进。扇子通体作镂空透雕处理，新增了镂空窗格纹，开光纹饰只作"单面工"，但以细密垂直牙丝补地；边骨采用镂雕；扇骨的连接改用丝带，更加耐用。②

广东民间工艺博物馆藏象牙镂空格子纹折扇，是清乾隆中期（1770年前后）的制品。全扇共26叶，扇叶采用丝带代替丝线相连。通体镂空，作几何格子纹，扇叶末端作圆形团花纹，上面菱格纹，中央开光"双心形"，内有宝塔、房屋和树木，并以细密垂直牙丝补地，边骨深雕"菊花枝叶"纹。

清乾隆末年（1785年前后），象牙折扇的制作工艺发展到了登峰造极的地步。边骨由之前的"菊花枝叶"纹改刻"山水人物"；扇面作"单面工"雕刻，主体图案开始出现山水古装人物，最令人叹为观止的是整个扇面的镂空处全用垂直象牙丝填充，牙丝细如毛发，一触即断，这也使得主体纹饰看似悬浮于空中一样。广东民间工艺博物馆就收藏有两件象牙镂丝人物纹折扇，堪称乾隆末年牙扇制作工艺的巅峰之作。

广东民间工艺博物馆藏象牙镂丝人物纹折扇（上图）共21片，牙片很薄，全扇为"单面工"。通体镂空雕刻中国古装人

---

① 转引自江滢河：《清代洋画与广州口岸》，中华书局，2007年，第139页。
② 关善明：《中国扇具》，《沐文堂收藏全集》12，香港沐文堂美术出版社有限公司，2011年，第146页。

象牙镂空格子纹折扇,广东民间工艺博物馆藏

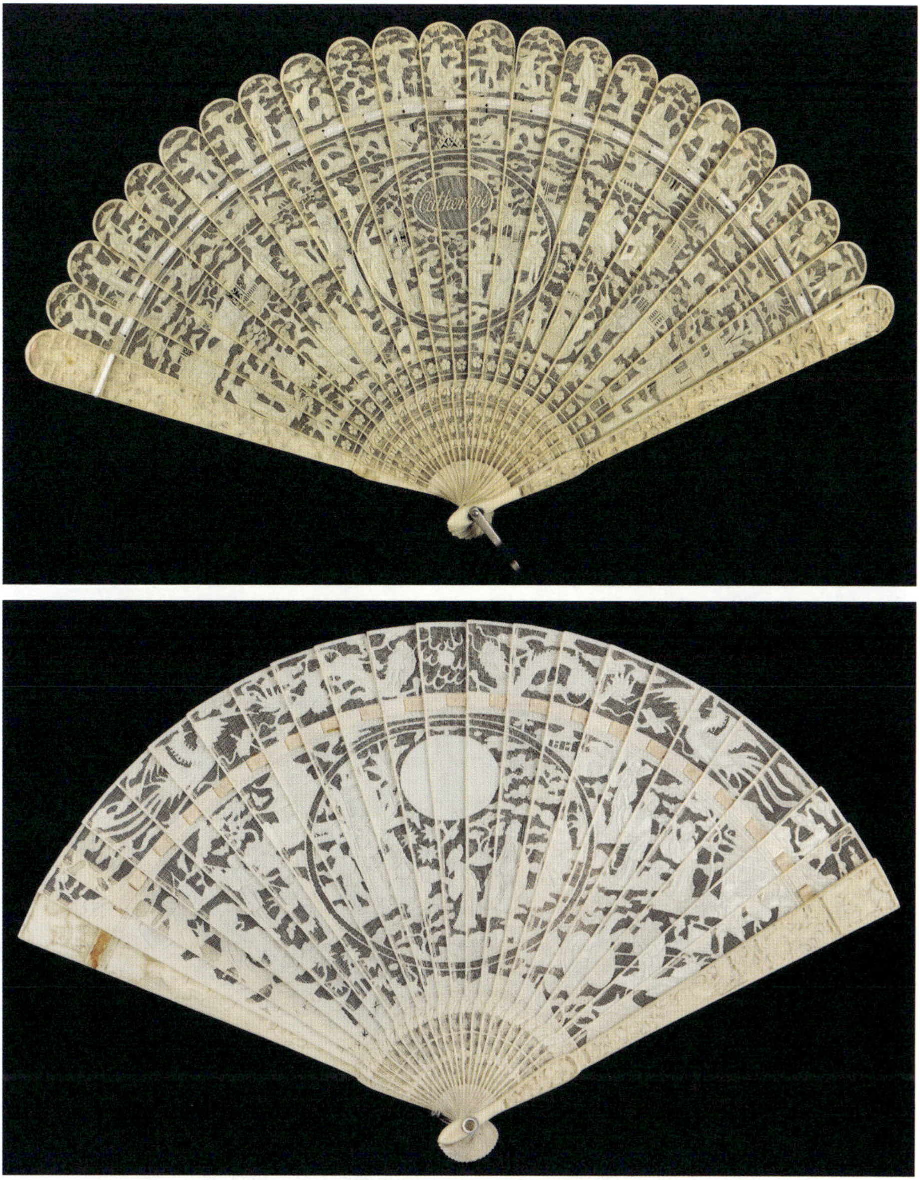

象牙镂丝人物纹折扇,广东民间工艺博物馆藏

物，人物众多，计有各类人物54人，没有人物的镂空处全用垂直象牙丝填充。扇叶中央有一大一小两个椭圆形开光，大开光内的人物图案与开光外的图案相连，小开光内的镂空象牙丝上刻有Catherine，表明扇子的主人叫Catherine（凯瑟琳）。扇叶用丝带相连，丝带以一段段菱形砖纹图案贯穿；丝带下面镂雕龙凤，在中部也就是Catherine纹章的上方，是双龙捧一个三角形的花叶纹图案；丝带上方的扇叶顶端处作半圆形，每一叶都雕刻有人物，有中有西，形态各异，有较强的装饰意味。边骨深雕人物和猛龙，线条细腻生动。整把扇子做工精细，纹饰复杂多样，层次分明，是乾隆末年不可多得的精品。

广东民间工艺博物馆藏象牙镂丝人物纹折扇（下图）共21叶，牙片质薄如纸，全扇为单面工，通体镂空雕中国古装人物故事。这些人物分别由三个场景组成，左侧边骨深雕有两个丫环打扮的女子，当是左侧场景的延续；右侧边骨深雕麒麟和龙凤图。全扇整体刻工精细，构图填密，富有中国传统文化气息。

这些被称为卜瑞斯扇（Brise Fans）的象牙折扇通常都由最好的象牙工匠制作，具有很优秀的品质，令人难以想象那么容易折断的象牙怎么可以镂通到细如毛发。1844年，美国游客奥斯蒙德·蒂法尼（Osmond Tiffany）到广州城郊一个象牙作坊参观，就惊叹于象牙工匠的高超手艺，他在游记中写道："在我看到这项中国技艺之前，我不能相信象牙原来可以变得那么柔软，匠人使用锋利的刀具，他们子传父艺，真是太完美了！"[1]

不过，在19世纪上半叶的嘉庆年间，高质量的象牙折扇工

---

[1] Carl L. Crossman, *The Decorative Arts of the China Trade*, England: the Antique Collectors' Club Ltd., 1991, p.329.

银鎏金蕾丝烧珐琅山水花卉纹折扇,广东民间工艺博物馆藏

艺逐渐消失，工艺变得粗糙，刻工改为"双面工"，但牙片较厚；边骨改刻山水人物，扇形缩小，以降低成本。此外，纹样僵化，人物较小，数量多而混杂，构图堆砌，缺乏吸引力。与象牙扇镂刻工艺走向衰落、不再流行相比，漆扇、玳瑁扇和贝壳扇等多种材质的成扇纷纷出现，由此，广州外销成扇在材质选用和工艺方面进入了多元时代。

蕾丝银扇

蕾丝银扇流行于意大利，是出口扇中最为名贵的一种，用鎏金银丝造成，更有加上掐丝珐琅装饰。此种扇式并不实用，扇风不凉，只供观赏而已。蕾丝银扇的流行年代十分短，大约都是1790—1800年之间的制品，即乾隆晚期至嘉庆初年，可能因为银质在当时是非常昂贵的金属，况且镂空扇式亦不实用，因而很快便被淘汰。[①]

玳瑁折扇

玳瑁是海龟科动物，分布于东南亚、海南岛、西沙群岛、广东、福建、台湾等地。玳瑁甲片坚韧，不易折断，半透明，有明显的斑纹。杨伯达指出，欧洲也用玳瑁制作器物和嵌件饰物，这些来自欧洲的玳瑁制品被广东官员进贡到宫廷："康熙六十一年十一月二十六日所子贡玳瑁烟盒；广东海关监督毛克明于雍正十一年八月二十六日进鼻烟盒1盒，盒内装有洋玳瑁鼻烟盒2个。于雍正十三年闰四月二十八日又进洋挑花门帘9条，配以玳瑁钩9对。"[②]杨伯达认为，"想必广州官员、商人中也使用欧洲玳

[①] 关善明：《中国扇具》，《沐文堂收藏全集》12，香港沐文堂美术出版社有限公司，2011年，第28页。

[②] 杨伯达：《从清宫旧藏十八世纪广东贡品管窥广东工艺的特点与地位》，载氏著：《中国古代艺术文物论丛》，紫禁城出版社，2002年，第348页。

玳瑁双面镂雕人物纹折扇，广东民间工艺博物馆藏

瑁制品",由此广州匠人学会了制作玳瑁工艺品,"雍正九年三月初一日广东巡抚鄂弥达进玳瑁面扇5柄,应是广州匠人所制,与象牙面扇一起贡进内廷。……都是贡进宫廷的广州18世纪制品。"①这也说明,早在雍正年间,广州已有玳瑁扇的制作。

由于玳瑁本身就有光、色和斑纹美,制作时会施加减地平凸等镂刻或镂空技法以显示其玲珑剔透,当时广州制玳瑁扇就采用这种技法,纹饰则以人物图案为最常见。广东民间工艺博物馆藏玳瑁双面镂雕人物纹折扇,作"双面工",与乾隆年间象牙折扇制作工艺类似,整个扇面作镂空辟丝处理,再镂雕多个人物和花草树木、小桥、楼阁。扇面中央横放椭圆形开光,中有"Julia"字样,显示此扇是送给一个叫"Julia"的女子的。边骨镂空深雕人物和花朵。

金漆折扇

清代嘉庆年间,广东地区以精制金漆器物驰名中外。伴随着漆器家具和漆盒的出口,漆扇尤其是黑漆描金折扇也于嘉庆初年即19世纪早期开始大量制作并出口西方。

关于黑漆描金折扇的制作工艺,关善明有详细的介绍:

> 黑漆描金其实并不是用笔描出的,而是以木片为骨,髹上多层黑漆,完成后再于黑漆表面涂上红色漆胶,待半干后扫上金粉,金粉贴于半干漆胶之上,待干后,用棉花抹去剩余金粉,而露出描金图纹,粘有残余金粉的棉花,放于熨斗之中焚毁,而取回黄金

---

① 杨伯达:《从清宫旧藏十八世纪广东贡品管窥广东工艺的特点与地位》,载氏著:《中国古代艺术文物论丛》,紫禁城出版社,2002年,第348页。

黑漆描金葡萄纹折扇,广东民间工艺博物馆藏

黑漆描金山水纹折扇,广东民间工艺博物馆藏

黑漆描金山水纹折扇，广东民间工艺博物馆藏

再用。金漆扇所用金粉通常都分深浅二色，即是"赤金"与"青金"两种，用以增加画面的层次感。"赤金"较为纯正，"青金"则加入少量银质成分，金漆扇的式样，与象牙扇的设计大同小异，也是当时最为畅销的产品之一。①

不过，黑漆描金折扇流行的时间并不长，前后不过50年左右，于道光晚期日渐式微，被纸面折扇所取代。广东民间工艺博物馆收藏的几把黑漆描金折扇基本反映了这个从流行到式微的过程。

黑漆描金葡萄纹折扇的主体纹饰是用赤金和青金两种色漆描出葡萄藤蔓纹，扇面可见三个开光，中间为"双心形"，里面还预留了一块双心形黑色块，当为预备绘画纹章所用；两旁各有一个椭圆形开光，三个开光内都绘描金花卉纹。扇叶上下两端的弧形边饰也绘有这种花卉纹，扇叶顶端呈半圆形，绘有整齐的网格纹。整把漆扇画工精细，富有装饰性。黑漆描金山水纹折扇的扇面仍然以绘葡萄藤纹为主，但三个椭圆形开光内出现了绘山水纹饰。另一款黑漆描金山水纹折扇，在每片扇叶的顶端都绘有一款动物，分别有鼠、鹿、狮、羊、蛙、猪、獐、狗等动物，形态生动逼真，画工细腻。

经历了几何纹、植物纹、山水纹和动物纹后，与之前的象牙折扇一样，到道光晚期，黑漆描金折扇出现了描绘人物的纹饰。与当时的其他外销工艺品一样，以清装人物及其家居为主要

---

① 关善明：《中国扇具》，《沐文堂收藏全集》12，香港沐文堂美术出版社有限公司，2011年，第28页。

黑漆描金庭园人物纹折扇,广东民间工艺博物馆藏

黑漆描金加彩庭园人物纹折扇，广东民间工艺博物馆藏

题材的"满大人"图案开始大量出现在漆扇上。广东民间工艺博物馆收藏的两件黑漆描金庭园人物纹折扇就是这个时期的代表作品,它们的扇面都有大面积的中国式庭园和清代人装束的人物活动图,还有花果纹、卷草纹等;所不同的是,黑漆描金加彩庭园人物纹折扇在人物的衣服和花草的局部还加了红色和紫色,使整把扇子更亮丽,更富装饰效果。

"满大人"图案除了出现在漆面折扇上外,还在道光年间大量出现在纸面成扇上。纸面成扇进入欧洲后,很快就风行起来,取代了象牙扇,成为广州外销成扇的主要品种。

纸面团扇和折扇

纸面扇以折扇为主,团扇较为少见。纸面折扇在外国称为Mandarin Fan("满大人扇",又称"官家扇")。纸面折扇均是"双面工",正面大多描绘的也是"满大人"图案,一般人物十分细小;背面多为山水花鸟景色。早期的纸面折扇纯用彩绘,稍后人头改用象牙制成,人物衣服也用真正的丝绸剪裁贴在画纸上。与绘有"满大人"图案的广彩瓷一样,"官家扇"也颇受外国人的青睐,其全盛时期在道光中期,也就是1830—1840年间,之后水平开始下降,道光以后不再生产。[1]

纸面折扇的扇骨有用象牙、漆木、檀香、楠木等材料做成的,也有在一扇之中同时用多种材料做扇骨的。广东民间工艺博物馆收藏一把杂骨纸面人物纹折扇,其扇骨就用多种不同材料雕成,计有象牙、贝壳、银累丝及玳瑁等,其中有些是原色,有些是染色,左右对称。边骨用鎏金银丝,作蕾丝龙纹。

---

[1] 关善明:《中国扇具》,《沐文堂收藏全集》12,香港沐文堂美术出版社有限公司,2011年,第27页。

杂骨纸面人物纹折扇，广东民间工艺博物馆藏

象牙纸面彩绘人物庭园图折扇，广东民间工艺博物馆藏

大卫·荷华德（David Howard）将这种杂骨纸面折扇称为Sample Fan，即样板扇，为来订货的买家提供各种扇骨的样板供他们选择。[1]此扇的扇面上绘有多个人物，可称为"满大人家居"图，其中人物的衣服为丝质，裁剪成衣后粘贴上去，人物的头和手用小块象牙片绘画后粘贴到纸面上。扇面的主体纹饰还环绕了一圈窄窄的花边，为手绘而成，与这个时期广彩瓷的装饰手法一致。广东民间工艺博物馆所藏象牙纸面彩绘人物庭园图折扇的象牙扇骨不仅作了辟丝处理，还加了彩绘，显得五彩缤纷，非常艳丽。

檀香镂空折扇

檀香扇大多是折扇，以檀香木片制成。制作工艺上类似于卜瑞斯扇，但由于其木质较象牙粗糙，不适宜镂雕细小人物，所以纹样一般以透雕花纹为主。广东民间工艺博物馆所藏檀香镂空格子纹折扇属于嘉庆年间仿乾隆中期象牙折扇式样，同样为镂空格子纹，中央也有开光双心形，并刻有英文字母，做工很细腻；广东民间工艺博物馆所藏檀香镂雕人物折扇是仿嘉庆年间双面工象牙镂雕人物折扇的做法，通体镂丝雕水榭人物图，人物细小，工艺精湛。

---

[1] David S. Howard, *A Tale of Three Cities（Canton, Shanghai & Hong Kong）: Three Centuries of Sino-British Trade in the Decorative Arts,* NatWest Markets & Sotheby's Institute, p.236.

檀香镂空镂子纹折扇,广东民间工艺博物馆藏

檀香镂雕人物折扇,广东民间工艺博物馆藏

精巧华丽的广州自鸣钟

广州自鸣钟即在西洋钟表（自鸣钟）的启发和影响下由广州本地生产的能按时自动打点报时的钟表。16世纪末，随着西方传教士的入华，西洋钟表作为礼品和商品开始进入中国。据文献记载，最早将西洋钟表带入中国的是耶稣会传教士罗明坚。而1601年意大利耶稣会士利玛窦向万历皇帝进献的两座自鸣钟则敲开了中国宫廷的大门，自此，西洋钟表便以其设计巧妙、功能齐全和走时准确深受中国皇室和官宦富商的喜爱，并迅速传播开来。入清以来，清宫廷和官吏对西洋钟表的兴趣更加浓厚。康熙皇帝还专门在端凝殿设置了贮藏西洋钟表的自鸣钟处，并于康熙三十二年（1693）在造办处"设立作坊，各匠各自成作，其中钟表匠集中一起单独成立做钟处"[1]，专为宫廷制作御用钟表。

广州自鸣钟的兴起

明清时期，广州是对外贸易的重要港口。随着西洋钟表的大量引进，西洋钟表的贸易也开始在广州盛行。广州是中国最早接触西洋钟表的地方，大量西洋钟表在广州集散，广州本地工匠也开始生产自鸣钟。从最初仿制西洋钟表，到为了追求皇家旨趣并结合民族特色对外壳和机械传动进行不断的创新，广州自鸣钟逐渐享誉国内外。广州成为清代民间机械钟表制造的重要基地之一。在清宫收藏的钟表中，广州制造的自鸣钟占了很大比重，仅次于英国制造的钟表。

---

[1] 刘月芳：《清宫自鸣钟处非做钟处》，《故宫博物院院刊》1987年第2期。

精巧华丽的广州自鸣钟

广州自鸣钟的制造出现于何时，因缺乏确切的史料记载，学术界尚无定论，但最迟可追溯到康熙年间。①结合文献可知，康熙年间，广州的钟表制造业已经形成。康熙五十九年（1720）广东巡抚杨琳的奏折称："奴才访得广城能烧法蓝人一名潘淳，原籍福建，住家广东，试验所制物件颇好。……奴才随与安顿家口，并带徒弟黄瑞兴、阮嘉猷二人，随李秉忠一同赴京。所有潘淳烧成法蓝时辰表一个，鼻烟壶二个，钮子八十颗，合先呈验。"②从材料可知，家住广州的潘淳正是当时广州的钟表匠，其制作的"法蓝时辰表"也是广州钟表的特色之一。此外，雍正元年（1723）二月内务府造办处的档案记载："初一日，副催长福明持来押帖，内开正月二十七日……党进忠将漆架广坠子钟一件，画得黑漆描金花架时刻钟纸样一张，交胡世杰呈览。奉旨：照样准配做时刻钟瓢二分，架子另做，添补收拾见新。其旧瓢二分收贮，钦此。"③该"广坠子钟"到雍正元年时已经损坏，可见这件"广钟"在宫中已经有相当长的时间了，应该是康熙年间就已经生产了。

广州的制钟业是从仿制西洋钟表开始的。卫匡国（Martin

---

① 汤开建、黄春艳：《清朝前期西洋钟表的仿制与生产》，《中国经济史研究》2006年第3期；关雪玲：《准潮天文列贡珍——广州进贡钟表谈略》，《紫禁城》2006年第4期；王津：《广州制造"LONDON"（伦敦）钟表的考证》，载《中国文物保护技术协会第五次学术年会论文集》，2008年；黄庆昌：《清代广州制造的西式钟表及其历史背景探析》，《南方文物》2011年第3期。以上论文都提到，康熙年间，广州已经出现了本地人开设的钟表作坊。
② 中国第一历史档案馆、澳门基金会、暨南大学古籍研究所合编：《明清时期澳门问题档案文献汇编》第1册65号档，《广东巡抚杨琳奏报伴送手艺人及西洋人进贡并到粤洋船数目折》，人民出版社，1999年，第109页。
③ 《内务府造办处活计档》编号3418，转引自故宫博物院编：《故宫钟表》，紫禁城出版社，2004年，第42页。

Martini）在《新地图集》（*Novus Atlas Sinensis*）称：他离开中国时（17世纪50年代），"广东的中国工匠已经会制造各种机械装置，但是制造'小而精致的钟表'仍然在他们的技术能力之外"①。由此可见，康熙年间，广州工匠已经仿制西洋钟表。从一些文献可知，这些早期仿制的自鸣钟质量并不太好，乾隆《广州府志》记载："自鸣钟，本出西洋，以索转机，机激则鸣，昼夜十二时皆然。按：广人亦能为之，但未及西洋之精巧。"②这反映出乾隆早期广州自鸣钟在质量上不及"西洋之精巧"，因此，乾隆十四年（1749）二月，乾隆皇帝传谕两广总督，要求进贡质量好的西洋钟表，谕旨这样写道："从前所进钟表、洋漆器皿，亦非洋做。如进钟表、洋漆器皿、金银丝缎、毡毯等，务必要洋做者方可。"③

经过多年的学习和技术积累，乾隆中期以后，广州自鸣钟的生产技术有了大幅提高，无论是设计水准还是机芯都可与西洋钟表媲美。那些机械结构复杂、质量上乘的广州自鸣钟成为贡品进献到宫中，"广东地方官员又将其作为购置进贡的对象。……延至嘉庆时期，广东粤海关每年都要向宫中进献2至4件广钟"④。因为广州制造的钟表无论在造型还是功能上，都达到了西洋钟表的标准，更为重要的是价格上还远远低

---

① ［意］卫匡国：《中国新地图集》，转引自［比］高华士著，赵殿红译：《清初耶稣会士鲁日满常熟账本及灵修笔记研究》第6章《传教的物质情况》，大象出版社，2007年，第457页。
② 乾隆《广州府志》卷四十八《物产》，乾隆刻本，广东省中山文献馆藏。
③ 《内务府造办处活计档》编号3418，转引自故宫博物院编：《故宫钟表》，紫禁城出版社，2004年，第42页。
④ 关雪玲：《准溯天文列贡珍——广州进贡钟表谈略》，《紫禁城》2006年第4期，第47页。

于西洋钟表。据1792年使华的马戛尔尼秘书约翰·巴罗（John Barrow）记载："中国人在广州的制作已和伦敦一样的好，并且这些精巧机械品的价格只是曾经从Cox和Merlin仓库运来中国钟表价格的三分之一。"①这些质优价廉的广州自鸣钟对当时欧洲人在广州开设的钟表工场形成了强有力的竞争，1815年，查理斯·麦格尼克（Charles Magness）从中国给其父（英国钟表匠）的信中提到：在广州出售他制作的时钟，遇到了中国时钟竞争的困难。②在18世纪的广州，除了有本地人开设的制钟作坊之外，还有欧洲人开办的钟表工场。例如，英国东印度公司船长马图金斯（William Mackintosh）经常来往于伦敦和广州之间，他在广州开设了一家工场；18世纪伦敦著名钟表匠詹姆斯·考克斯（James Cox）的后人也开设了一家工场。1793年马戛尔尼到达广州时，这家工场已归荷兰人所有，名为比利（Beale）工场。③马光启在《岭南随笔》中也对在广州开设钟表工场的洋人做了如下记载："人最白硕，善作钟表。有年少者云，自十三岁来粤，今已十七年矣。"④这些工场与广州本地开设的钟表作坊推动了广州钟表业的发展，使广州成为全国钟表制造中心之一。

---

① Carlo M. Cipolla, *Clocks and Culture, 1300-1700*, New York: W. W. Norton & Company, Inc, 1997, p.97.
② ［美］S. 贝迪尼：《钟表研究》第2卷《时间计量的东方概念》，转引自陈祖维：《欧洲机械钟的传入和中国近代钟表业的发展》，《中国科技史料》1984年第1期。
③ 王津：《广州制造"LONDON"（伦敦）钟表的考证》，载《中国文物保护技术协会第五次学术年会论文集》，2008年，第378页。
④ 马光启：《岭南随笔（外五种）》卷上，广东人民出版社，2015年，第132页。

广州自鸣钟的工艺特色

广州自鸣钟是在吸收西洋钟表的制作技术和设计风格基础上，再融合本土设计元素创制而成，是典型的中西合璧的产物。由于广州自鸣钟大多进贡到皇宫，少量流传民间，因此，从创意到设计都必须新奇、精巧，符合帝王的审美情趣。据清宫造办处活计档中材料记载：清廷专门向粤海关派出监造人员常驻广州，从事"画款样造办活计"和"监造活计"，也就是说其对粤海关内承做的御用活计负有设计、组织实施和监督之责，从而也决定了宫廷对广州钟表制作的干预和主导。故宫博物院收藏的乾隆时期的广州钟表实际上就是这种生产模式下的产物，"宫廷样，广州匠"可以形象地概括宫廷收藏的广州钟表的特色，以及宫廷对广州钟表制作工艺发展的实质性影响。[1]

广州自鸣钟的造型大多为中国传统的亭、台、楼、阁、塔、葫芦、花瓶、聚宝盆、百宝盒等建筑形式，质地多为铜质、紫檀、黄花梨、酸枝木等材料，并根据各类材质的特点使用镀金、镶珐琅、嵌螺钿、饰吉祥图案等工艺，做工精细，美观大方。

镀金是一种历史久远的金属工艺，分为同质材料镀金和异质材料镀金两类。同质材料镀金是指对黄金器物的表面进行镀金处理，提高器物的光亮性及色泽；异质材料镀金是指对非黄金材料的表面进行镀金处理，如银镀金、铜镀金，以黄金的光泽替代被镀材料的色泽，从而提高器物的观赏效果。广州自鸣钟就多采

---

[1] 郭福祥：《乾隆时期宫廷钟表收藏考述》，《故宫学刊》第七辑，紫禁城出版社，2011年。

精巧华丽的广州自鸣钟

清铜镀金楼阁式跑鸭转人自鸣钟,广州博物馆藏

用铜镀金的装饰工艺,显得富贵华丽,色调明亮。如广州博物馆收藏的清铜镀金楼阁式跑鸭转人自鸣钟,造型为铜镀金楼阁式。通体镀金,分上、下两层,下层正面錾花板上镶嵌有彩色料石。钟盘上三个弦孔,分别负责走时、报时、报刻。右下角的小盘是星期盘,指针每天走一格,七天转一周。左下角的小盘是乐曲盘,调整指针即可变换不同乐曲。钟盘上方有小桥、流水、凫水

鸭子等乡村田园风光。该钟每十五分钟奏乐一次，报时的时候，音乐钟声响起，亭内人物回旋，亭子中间的小门会自动打开，出现一持宝塔、一持佛手的两个牙雕小人，作献宝状。亭下钟盘上方景台小桥上，有牧羊人牵羊过桥、鸭戏清波的情景，令人目不暇接。

珐琅是广州自鸣钟最具地方特色的装饰工艺。广州自鸣钟的珐琅举世闻名，细密繁杂的花纹采用蓝、绿、黄三种颜色，巧妙搭配，鲜艳夺目，纹饰丰富，工艺精美，被称誉为"广珐琅"。珐琅又称"佛郎""法蓝"，是一外来语的音译词，基本成分为石英、长石、硼砂和氟化物。中国古代通常将附在陶瓷胎表面的称为"釉"；附在建筑瓦件上的称为"琉璃"；而附在金属表面上的则称为"珐琅"。珐琅主要分为画珐琅、内填珐琅、掐丝珐琅三种。掐丝珐琅在中国也称为"景泰蓝"。这三种珐琅中，工艺难度及级别最高的当属画珐琅，而广州自鸣钟则以画珐琅为主。画珐琅工艺起源于法国，于清朝康熙

清铜镀金珐琅花瓶自鸣钟，广州博物馆藏

年间由欧洲商人及传教士经广东传入中国，最早在广东制造，俗称"烧青"或"广珐琅"。这种异常精美的工艺一进入中国便受到皇帝及大臣的喜爱与重视，清朝康熙、雍正、乾隆三帝皆于北京皇宫和广州两地设立珐琅作坊，并多次从广东选送优秀画珐琅工匠进京效力，大量生产。广州博物馆收藏的清铜镀金珐琅花瓶自鸣钟将"广珐琅"的精致华丽展现得淋漓尽致。这款钟为简洁的低层木质底座，底座上安置着一个蓝珐琅双兽耳花瓶。花瓶腹部正中央为钟盘，瓶身装饰有金色的八宝和卷草纹饰，瓶口上方有各色珠料制作而成的绿树一株，亮丽的花朵缀满枝头。该钟虽历经百年，其珐琅色泽仍然光鲜亮丽，令人不得不对清代广州工匠的珐琅烧制技术表示惊叹。

嵌螺钿是指根据画面花纹的需要，将不同色泽的贝壳裁切成各种不同的形状后镶嵌在漆木器上作为装饰的一种工艺。嵌螺钿是一种历史悠久的工艺，早在西周时期就已将蚌壳镶嵌在漆器上作装饰了，到了清代，由于崇尚富丽堂皇的家具风格，嵌螺钿家具进入鼎盛时期。清宫廷造办处内设有专门制作皇家御用嵌螺钿器的工匠。嵌螺钿器物数量众多、品种丰富，从屏风、门窗、桌椅、书架、箱柜到瓶、盒、杯、盘及文房用具等，无不用五彩缤纷的螺钿镶嵌成山水人物、花鸟鱼虫等图案来装饰。这种精细的制作工艺深受帝王和达官贵人们的喜爱，除宫廷制作外，民间作坊也大量生产。广州的嵌螺钿工艺除了用于漆器上，还广泛地用于酸枝、紫檀等红木家具及杯盘等器物上。广州博物馆收藏的清红木楼嵌螺钿自鸣钟和清嵌螺钿木楼自鸣钟就运用了嵌螺钿工艺。这两座钟正面中央为显示时间的钟盘，外壳均为木质，并在周边镶嵌螺钿装饰而成的八宝和

清红木楼嵌螺钿自鸣钟，广州博物馆藏

清嵌螺钿木楼自鸣钟，广州博物馆藏

卷草花卉图案，使这两款钟看起来庄重华丽而又不失典雅。

吉祥图案也是广州自鸣钟比较常见的装饰工艺。吉祥文化是我国传统文化中非常重要的组成部分，广州自鸣钟的吉祥装饰手法多种多样，多采用"吉祥如意""太平气象""龙凤呈祥""风调雨顺""渔樵耕读""福禄寿"及鲜花、仙草、瑞兽、禽鸟、八宝等为主题，寓意美好吉祥，巧妙地将钟表的造型艺术与民族传统文化结合起来，形成了浓郁的艺术风格。广州博物馆就收藏一座清变花变字嵌宝石铜胎掐丝珐琅瓶式钟，是传统吉祥寓意图案与钟表设计巧妙结合的代表作。这座广钟分为三层，钟盘在最底层的正中间，钟盘左、右两侧各设一朵比钟盘略小的料石转花。第二层承接花瓶的底座正面是四字横幅，随着机关的开启，横幅分别有"喜报长春""福与天齐""福禄万年""太平共乐"四条不同的文

清变花变字嵌宝石铜胎掐丝珐琅瓶式钟,广州博物馆藏

字变化。这款钟的最上层是蓝珐琅双兽耳花瓶,周身为金色的八宝图案和卷草纹,蓝珐琅花瓶的腹部中央为内有料石转花的圆形窗口设计,花瓣有红、绿、黄、蓝四种颜色,其形状、开合状态以及颜色都可变化自如。珐琅花瓶上方还插有一颗精致的花树,树顶有红花一朵,可收放自如,花心处还有一只美丽的蝴蝶,似在花中飞舞。每当音乐响起之时,钟盘左右的料石花旋转,上方的四字横幅开始变化吉祥文字,顶端的红花开始绽放,蝴蝶翩翩起舞,一派生机勃勃的景象。

　　除独特的装饰工艺外,广州自鸣钟的活动装置设计也独具匠心,其机械结构复杂,充分利用机械联动原理,以发条、链条、塔轮组成动源系统,完成走时、报点、伴乐等功能,并演示出转花、跑人、卷帘、水法、跑船等各种新奇花样。在广州自鸣钟的各种活动装置设计中,"水法"设计非常精彩。所谓"水法",是在装有齿轮的长轴上固定有透明的螺旋形玻璃柱,在机械带动下转动起来的样子看似流水,人们通常把这个装置称之为"水法",凡附带有"水法"这种活动装置的钟表都可以称之为"水法钟表"。"水法"最初是指西洋园林建筑中的景观——人工喷泉。18世纪初叶人工喷泉传入中国后,其中文名称就叫做"水法",取其用机械引水以成戏法之意。清朝皇帝对"水法"兴趣甚浓,在圆明园的谐奇趣、海晏堂、远瀛观周边都修建了大型喷泉群。[1]在钟表设计中,每根水法的转速都是相同的,在相同的速率之下,它们的形状大小、齿形、齿数也都是一样的。那么,水法又是怎样体现的呢?手工

---

[1] 关雪玲:《清宫中的水法钟表》,《时尚时间》2013年第6期,第50页。

精巧华丽的广州自鸣钟

清铜镀金转花水法奏乐钟,广州博物馆藏

艺人按照玻璃柱的螺旋纹的密度、方向、装配排列形式不同及钟上表演的需要,将"水法"进行不同形式的组合,以营造山平流水、喷泉式流水及瀑布式流水等各种流水景象的不同效果。① "水法"设计在广州钟表中运用十分广泛,这也是决定

---

① 孙恺吉:《清代钟表设计研究:以广州钟表为中心》,华东师范大学2013年硕士毕业论文,第34页。

广州钟表艺术价值的重要因素。如广州博物馆收藏的清铜镀金转花水法奏乐钟，该钟通体镀金，共分三层。底层为方形基座，内有齿轮、链条等机械装置。基座之上为支撑圆形钟盘的镀金支柱，钟盘周围镶嵌着各色料石。钟盘与底座之间为水法柱，另装饰有镀金的花树和牛、羊等动物，基座的四角有插着花草的小瓶。钟盘之上为一镀金小奖杯。每当报时的时候，伴随着优雅的音乐，水法景观缓缓转动，周围的转花也在乐曲中悠然旋转，令人赏心悦目。

华丽精巧的广州自鸣钟从最初简单的模仿西洋钟表，到后来经历了工匠们的不断摸索和创新，从而创制出具有民族特色的艺术精品，充分体现了古代广州工匠的聪明才智，成为中华民族优秀文化遗产的重要组成部分。

广彩"灵思堂"所见的
工匠制度

广州彩瓷（以下简称"广彩"）是清康熙年间为适应外销的需要而烧制的釉上彩瓷。经过两三百年的发展，到乾隆年间已是国内外销瓷的主要产品，销量激增，成为独立的行业。当时烧制广彩的作坊分布在现今广州的文昌路、带河路西关一带，作坊规模不大，一般是"前店后厂"的经营方式。这一带也是多种手工业如家具木器、玉器、铜锡器、绣衣、丝织等作坊的集中地。此时广彩的生产已达到了相当的规模，技艺已经比较成熟，于是在清乾隆四十三年（1778）成立了行会组织"灵思堂"，位于与华林寺前街垂直的毓桂三巷。

随着广彩的不断发展，繁华而狭窄的西关已不能为广彩瓷生产提供更大更安全的场地。据记载，18世纪西关一带曾发生数次火灾。为此，广彩作坊逐渐移迁到民宅、商铺稀疏，地价便宜，靠近溪峡河涌的广州河南，英国人威廉·希克（William Hickey）曾于乾隆三十四年（1769）参观广州珠江南岸的广彩加工场，他描述道："在一间长厅里，约二百人正忙着描绘瓷器上的图案，并润饰各种装饰，有老年工人，也有六七岁的童工。"[1]刚成立不久的"灵思堂"也随着广彩作坊的不断迁移而搬到了珠江南岸现今同福中路一带。时人曾写诗描述广彩在珠江南岸的伍家塘、龙船岗、陈家厅时生产的盛况：

　　　　伍家塘畔是瓷乡，龙船岗头艺人居。
　　　　群贤毕集陈家厅，灵思堂前花盛开。[2]

---

[1] 转引自中国硅酸盐学会主编：《中国陶瓷史》，文物出版社，1982年，第453页。
[2] 曹荣枢：《荣枢先生口述广彩掌故》，载广东民间工艺博物馆编：《世纪嬗变——十九世纪以来的省港澳广彩》，岭南美术出版社，2008年，第2页。

灵思堂有严格的行规，垄断着广彩行业的生产，并从中进行约束和协调，使广彩行业避免了恶性竞争，得到了平稳、迅速的发展。由此，灵思堂的行规成为了广彩行业的制度。

受材料所限，我们没能看到灵思堂在成立之初订立的行规，只能从广彩艺人的回忆，以及已故广彩大师赵国垣收藏的民国十五年（1926）《广东灵思堂彩瓷工会瓷器式单部》和民国二十五年（1936）灵思堂《父传子芳名列》[1]来探究早期广彩的工匠制度。根据上述材料，灵思堂的行规大概分为入会、分工与生产、定价与销售三大部分。

"父艺传子"的入会制度

作为行会组织，灵思堂每届选出理事长一人，主持堂务，叫"管箱"，副理事长一人，主持财务，叫"副管箱"。每年开理事会一次，会上由"管箱"报告堂务情况，改选理事，并在农历八月初四——师傅诞那天前后，举行一年一度的全行业聚餐活动，叫做"饮牙"。[2]

按照灵思堂的规定，一个新人要求入会，加入广彩行当学徒，有两种方式：第一种是行内父传子的方式入会，指行内师傅之子如果要入行继承父业学艺，要向灵思堂申报"父艺传子"的请求，并缴交父传子费，否则不予承认。据赵国垣回忆，当时父传子的费用以长子白银二两，次子白银五两来计

---

[1] 由赵国垣儿子赵艺明收藏和提供，特此致谢！
[2] 赵国垣：《广彩史话》，载广东民间工艺博物馆编：《赵国垣广彩论稿》，岭南美术出版社，2008年，第19页。

算。①第二种是投标入会，灵思堂严格限制外行人入会，行会每年只有几个名额供外行人投标，由行内人担保，按投出的金额以价高者得，称为交"入行费"。"入行费"底价高低视当年会费结余数而定，一般每名付一百两白银，或港币五百元。招投成功，才准许入行学艺谋生。无论以何种方式加入灵思堂，都要交"挂号费"，即行会规定广彩艺人每月交付的会费。据说每人每月会费3元，灵思堂会每月公布挂号人数和会费的收入账目。②

民国二十五年（1936）灵思堂的一份《父传子芳名列》就反映了这个方式。从《父传子芳名列》可看到，民国二十五年十月五日，灵思堂有11位会员通过"父传子"的方式让他们的儿子加入灵思堂，其中"长子六名次子五名"，年龄最大的是16岁，最小的只有周岁。值得注意的是，灵思堂会员、广东高要人梁鸿遂一次性让自己的4个年龄在6至16岁之间的儿子都加入了灵思堂，这主要是因为与其他工艺行业相比，广彩工人的工资收入相对较高，"一箱养全家"（一只广彩工具箱就可以养活全家人），因此不少人都希望能加入广彩这个可以维持生计的行业，成为灵思堂内的成员，掌握一门手艺。在《父传子芳名列》中还列出了三位"灵思堂徒"，年龄分别是30岁、20岁和17岁，属于行外人通过投标交纳入行费而加入灵思堂的。

---

① 赵国垣：《广彩史话》，载广东民间工艺博物馆编：《赵国垣广彩论稿》，岭南美术出版社，2008年，第19页。
② 根据20世纪三四十年代加入广彩行业的老师傅区立勤、胡玉、杨根、周耀灿、司徒宁、李善发、赵兆伦、王兆章等的回忆介绍。转引自崔惠华：《广彩传统彩绘技法和工价计算办法的初步整理及研究》，载广东民间工艺博物馆编：《世纪嬗变——十九世纪以来的省港澳广彩》，岭南美术出版社，2008年，第115页。

广彩"灵思堂"所见的工匠制度

民国二十五年（1936）《父传子芳名列》

从中可见，加入灵思堂主要还是通过父传子的方式，而且大部分人在自己的儿子还很小的时候就会为儿子申请入会，说明"灵思堂徒"的身份很有吸引力，也说明广彩这个行业在当时的发展相当不错。

《父传子芳名列》还反映了灵思堂的另一条规则，加入灵思堂进入广彩行业的都是男性，只有父传子，而没有父传女。灵思堂规定，广彩技艺传子不传女，广彩艺人如果没有儿子，女儿未结婚前可随父学艺，结婚后不管技艺多高，都不能再从事广彩生产，不准入会。如果要继续在广彩行内立足，则必须申请丈夫入行，交入行费才能继续从业。如果丈夫不是本行的，外嫁女原来学过广彩，也不能从事广彩。因为这一行规，广彩艺人只能教子不教女，行内人为了保证有后，甚至娶三妻四妾，直至生下儿子，方能使自己在广彩行内的身份资格传承下去。赵国垣曾回忆祖辈进入广彩行业的情况：

> 继祖母是广彩行业的继承人，因婚后不能继续生产，因而我祖父从此便买名加入（灵思堂）广彩行会，在19世纪末便加入广彩行列；父亲亦经过父传子的手续继承了广彩，因而父母亲亦从事于广彩这门艺术，到我本人亦由父传子传授了技术。①

因为广彩是外销瓷，主要靠出口和订货加工，每年的产量有限，为维护本行业的利益，就要限制行业工人的发展。订立这条行规就是为了维护本会员的就业，避免僧多粥少互相"争食"，压低工价。因此，灵思堂每年新吸收入行的人数不多，主要是根据当年行业经营的情况来决定新增名额。

灵思堂每月公布挂号人数和会费收入账目，会费收入是灵思堂活动经费的来源。如果当月没有向行会挂号而接货加彩，被发现双方均要罚款，并停止当月的生产，待到下月挂号后才能再开工。会员人数最多的时候是清同治、光绪时期，挂号人

---

① 赵国垣：《我的工作回顾》，载广东民间工艺博物馆编：《赵国垣广彩论稿》，岭南美术出版社，2008年，第2页。

数达1000多人,是广彩最兴盛的年代。①

行内专工互不逾越

为保障行业的利益,灵思堂制定严厉的行规,不允许行会以外的人插足广彩业,不允许艺人私接订单,不准擅自接瓷加彩,一经发现,订货方和生产方均要罚款,并勒令停止当月的生产,待到下月交费挂号后才能再开工。

为了防止业内恶性竞争,严格行规,行内人员互不逾越,互不抄袭,称为"各庙各菩萨,各施各法",对彩绘的每个工序都有明确的分工,每个艺人各有专长,画花鸟的一般不画人物,画人物的一般不涉足花鸟,各画各的,互不混杂。这个规矩从当学徒开始,跟的师傅是画花鸟的,就不能跟其他人学画人物。如果想画别的,需要征得该画种艺人的同意,才能制作。当时灵思堂中的艺人都很守规矩,大多数艺人只擅长一两项彩绘技术,各有特长,极少有全能师傅,画花鸟的一般不画人物,画人物的一般也不画花鸟,而且很难"偷师"。据赵国垣回忆:

> 那时一般同行到家中探访都是以热情接待,可是停笔彩绘,特别是有名的艺人。……年少时我随父亲到一位有名的专门彩绘大件产品人物的艺人陈更家中拜访,我想看他写五百件战将人物,但是所想落空

---

① 赵国垣:《广彩史话》,载广东民间工艺博物馆编:《赵国垣广彩论稿》,岭南美术出版社,2008年,第19页。

了。他热情地接待和健谈,但总是不执笔动手绘画,因此无法看到他的彩绘技法和笔法。①

广彩艺人长期从事专一的工种,便容易熟能生巧,不但画得好,而且画得快,形成了自己的绘画手法、风格和特色。广彩行内有很多艺人以特长而得外号,比如"龙王""公仔堂""斗鸡成""金鱼超",等等。由于长期彩绘某种特定的图案,每个艺人都有自己的彩绘手法和特点。这样也为产品质量提供了保证,灵思堂可以根据艺人的技艺特长进行发彩。如果出现不合格的产品,行内的人一看纹饰笔法特征就知道是谁画的,所以艺人都会自觉地保证产品质量,以免因产品质量不合格被退货而受到名誉上和经济上的损失,自断生路。通过这些严格的制度,灵思堂有效地制约和平衡了生产,既保证了产品的质量,也减少了矛盾和同行间互相倾轧的伤害,使广彩行业能稳步发展。

灵思堂组织管理生产还能使行内分散的、各自接单的个体小型生产作坊,逐渐演变成规模较大的、分工合作的生产形式,逐渐形成有不同特色、不同艺术专长的专门生产作坊,甚至在接到复杂、高要求的订单时,一个作坊没有技术能力完全承担的话,可以与其他作坊合作,按行定价分工,共同完成。

---

① 赵国垣:《广彩史话》,载广东民间工艺博物馆编:《赵国垣广彩论稿》,岭南美术出版社,2008年,第19页。

统一计价办法和花式品种

直至20世纪50年代以前,广彩行业的彩绘价钱都由灵思堂议定,统一通过后编印成"广彩式单部"发至全行业依照执行,再随着社会经济情况和彩瓷行业销售行情的变化,每隔一个时期进行修改,一般是增减瓷胎品种,调整彩绘工价。《灵思堂广彩式单部》在不同时期有不同的版本,都列有各种白瓷胎的器型规格、彩绘合数、纹饰图案和加工单价。

在《灵思堂广彩式单部》中,各种规格和纹饰都定有详细而统一的价格,彩绘加工的工价也一律按明细单价执行。这样就避免了老板和揽首旺季相互争工人,淡季随便压低工价,以及工友之间互相竞争排挤等情况发生。《灵思堂广彩式单部》还规定了加彩的等级和质量,基本固定了彩绘工价和花式样板,私人不得议价,也不能随便更改图案。当彩工拿到白瓷胎之后,按照订单彩绘图案,不需问价也知道工钱,因为大家都是按照《广彩式单部》的统一定价来计算工钱的。在《灵思堂广彩式单部》的约束下,广彩行内恶性的价格竞争得到了避免,也保证了产品的质量,使广彩在出口市场上能保持较高的价格,同时也维护了艺人的利益,因此广彩艺人为了能保住饭碗都会自觉遵守这样的行规。

由赵国垣家属提供的民国十五年(1926)《广东灵思堂彩瓷工会瓷器式单部》(以下简称《式单部》)就让我们有机会了解到《式单部》的内容和相关的规定。《式单部》共有34页,封面手写《灵思堂式单部》字样,内文除了第一和第二页是两则启事外,其余都是各种白瓷胎器型彩绘不同样板花式的

订价。第一则启事内容如下:

启者,我行工会货式、胎身常有别款,花样时有改良,亦非一次可能尽列。自乙巳年重修以来,迄今数载,叠次修理未能全备。近日胎式更多,杂办又纷然杂出,其中只有挂号而未加入式单者难以枚举,若不再为修正,遗害无穷。兹特集行敬请揽首工友公众议决,彼此订允,将所有各款货式一律增修列入新式单内,以免参差不一,于我数时互相争执。惟望各友同心协力,遵守行规,是所厚望焉。

民国十五年　岁次丙寅　四月初一日　阖行工友同订立

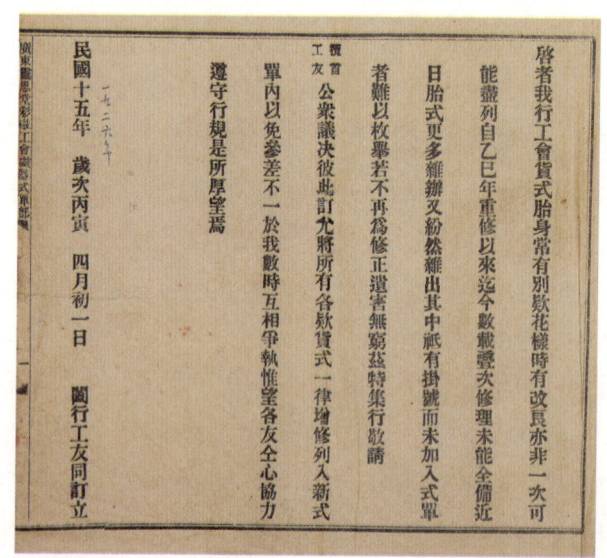

第一则启事

广彩"灵思堂"所见的工匠制度

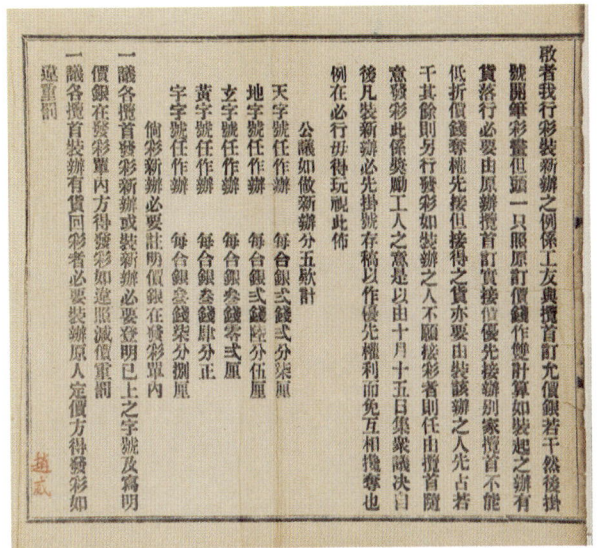

第二则启事

第二则启事的左下角上盖有红字"赵威"印章,显示这本《式单部》由赵国垣的父亲赵威所有。第二则启事内容如下:

> 启者,我行彩装新办之例,系工友与揽首订允价银若干,然后挂号开笔彩画,但头一只照原订价钱作双计算。如装起之办有货落行,必要由原办揽首订实接价,优先接办,别家揽首不能低折价钱,夺权先接。但接得之货,亦要由装该办之人先占若干,其余则另行发彩。如装办之人不愿接彩者,则任由揽首随意发彩。此系奖励工人之意,是以由十月十五日集众议决。自后凡装新办,必先挂号存稿以作优先权利而免互相搀夺也。例在必行,毋得玩视。此布。

113

公议如做新办，分五款计：

天字号任作办，每合银式钱式分柒厘；

地字号任作办，每合银式钱陆分伍厘；

玄字号任作办，每合银叁钱零式厘；

黄字号任作办，每合银叁钱肆分正；

宇字号任作办，每合银叁钱柒分捌厘；

倘彩新办，必要注明价银在发彩单内。

一议各揽首发彩新办或装新办，必要登明已上之字号及写明价银在发彩单内方得发彩，如违照减价重罚。

一议各揽首装办有货回彩者，必要装办原人定价方得发彩，如违重罚。

从这两则启事可知，这份《式单部》制订于民国十五年（1926）即丙寅年四月初一日，由灵思堂阁行工友共同订立，而上一次修订是在二十多年前的乙巳年，即清光绪三十一年（1905）。崔惠华研究指出[①]，这次修订《式单部》的原因是由于当时大量输入日本瓷胎，增加了许多新器型，胎型的变化导致加彩的计算方式有了很大的变化，加上创作了许多新花式，因此，根据灵思堂的行规，所有这些新创作的花式样板都要到"灵思堂"挂号，并列入"式单部"内，通告全行统一执行。第二则启事还提到增加的新花式中，有的没按规定作样板

---

① 崔惠华：《广彩传统彩绘技法和工价计算办法的初步整理及研究》，载广东民间工艺博物馆编：《世纪嬗变——十九世纪以来的省港澳广彩》，岭南美术出版社，2008年，第126页。

挂号登记，有的新花式虽然登记挂号了，但还未能正式列入"式单部"内，造成混乱。因此灵思堂要重新修订"式单部"以加强管理，重新明确彩装新办的定价及作者、揽首享有优先权等问题。

《式单部》还统一了胎式大小和加彩数量的换算，详细列出各种瓷胎的规格、花式名称和彩绘单价，以便大家对照执行。据崔惠华统计，这份《式单部》共开列了130多款样板花式，其中花心图案有88款，还有近300种白瓷胎器型。[1]

从上述18至19世纪广彩灵思堂所制定的行规来看，灵思堂之所以能建立并执行严格的行规，是因为当时广彩瓷销售渠道单一，全部产品通过瓷庄垄断经营，在生产过程中，艺人与瓷庄长期形成了一种互相依赖、绝对稳定的关系。当时瓷庄经营以销售地区划分的有：金山庄，是经营销往美洲商品的商号，有宝昌泰、晋隆生等；洋庄，专门经营销往欧美商品的商号，有德隆兴、五常、胜玉、金玉、义顺隆等；南洋庄，经营销往东南亚商品的商号，有宝兴源、裕成祥、天源瓷庄等。

不过，在鸦片战争以后，广州出现了洋行、瓷庄等机构，并且逐步形成了工人、作坊主、洋行、买办等阶层。在经营上也出现了各种问题，如旺季相互争工人，淡季随便压低工价，质量难以保证。民国十五年（1926）修订的《式单部》实际上也能看到后期灵思堂在管理上出现的问题。

综上所述，广彩灵思堂行规所反映的工匠制度在当时的确

---

[1] 崔惠华：《广彩传统彩绘技法和工价计算办法的初步整理及研究》，载广东民间工艺博物馆编：《世纪嬗变——十九世纪以来的省港澳广彩》，岭南美术出版社，2008年，第126页。

推动了广彩的技术、生产和经营管理的进步和行业的发展,其中严格的入行资格规定、纹饰绘制上的细密分工和质量管理、生产和花式品种定价等方面的统一协作,都反映了严格的工匠制度和精神。这种制度和精神对今天各种传统民间工艺的保护、传承和发展有着重要的借鉴意义。

18世纪广东牙匠掠影

象牙雕刻是广东的传统手工艺，发端于秦汉，至清代已有一千多年的历史。在漫长的发展历程中，由于象牙进口从不间断，历代宫廷和上层社会对牙雕制品的需求也持续存在，牙雕工艺得以不断创新发展，牙匠也成为清代广东一个较为稳定的专业群体，并在全国同行中占有重要一席之地。可惜这个艺术团队，即便作品巧夺天工，不愧为牙雕巨擘，青史亦难觅芳名，生平事迹多湮灭在历史长河中。本文主要依据目前所见的史料，对18世纪广东牙匠的基本情况做初步梳理和简单叙述。

清代广东象牙行业的发展和管理

牙雕制品，属于日用生活必需品之外的奢侈品，除了清中期海外贸易兴盛时供应海外市场高端消费人群外，在漫长的古代中国社会里，都是皇家和贵族富商专享的消费品。因此，历代皇朝对以朝贡贸易模式进口的各种象牙原料管制甚严，不让随便流入各地市场，这实际默认皇室于此物需求之大，《明实录·宪宗实录》记载：

> （成化十九年）三月甲辰，广东布政司进官库苏木四万四千六百余斤，象牙七千一百余斤。①

如此巨额的原材料，说明了牙雕产品的需求，也暗示了广州牙匠群体的存在，他们为中央和地方官府精雕细刻各种牙制珍

---

① 《明实录·宪宗实录》卷二三八，"中央研究院"历史语言研究所校印本，1962年，第4040页。

品，但却没有什么社会地位，籍籍无名。然而，名虽不存，作品尚在。现存北京故宫的大批广东进贡牙雕精品和海外各国留存的广州外销象牙制品，见证了清代广东牙匠群体的生产和生存状态，也是今人探寻他们高超技艺和工匠精神的最佳实物资料。

随着清代广州牙雕行业的蓬勃发展，乾隆年间在今广州解放中路和惠福路交界处附近出现了专营象牙制品的店铺；道光年间开始出现针对宫廷和海外市场的象牙行会管理组织——贡行和洋行；清末又成立了大牙行，且在小新街设有象牙会馆。此后，大新街逐渐成为了广州的象牙制品中心，该街遂有"象牙街"之称。民国后期，广州还出现过象牙骨器业职业工会、象牙商业同业公会等牙雕行业组织。这些管理机构的设立，充分说明广州牙雕行业的发展日益壮大，从业人员众多，并且有了一定的分工和规范的管理。

18世纪宫廷广东牙匠概况

清代广府制作的牙雕产品多为外销市场定制，也因其工艺精湛、款式新颖备受国内顾客甚至是清朝皇室、贵族青睐，广东官员时常将本地能工巧匠送往清廷造办处任职，甚至有多位皇帝亲自下令选送广东牙匠入宫效劳。倒是这些进入宫廷的少数牙匠，还可在清宫内务府造办处档册中，发现他们的技艺或宫中生活的一些踪迹。

清朝两百多年间，历任两广总督、广东巡抚、粤海关监督等各级官员为了讨好皇室、求得官运亨通，除了费尽心思搜刮本地特产、舶来品入贡外，还不时选送广东最优秀的工匠入京为皇室服务。考中国封建社会，早就建立匠户制度，唐时官府手工作坊就有服番役的番匠；元代以后，匠户已成为官府户籍统计中的一类，说明这一群体数量巨大。明代匠户数目最为庞大，隶属工部，分为轮班匠和住坐匠，这两类匠户在当值以外的其余时间，可以自由趁作，在一定程度上摆脱了终年在官府手工作坊中劳作的束缚。但匠户在身份上仍是父死子继，役皆永充。由于匠户在作坊中受到各级官吏的层层盘剥，又没有人身自由，时常发生工匠怠工或逃亡的现象，明朝政府不得不采取了一些改革措施。直到顺治二年（1645），清政府宣布正式废除匠籍制度。不过，为了满足皇室生活的需求，仍需各地不断进贡特需品，甚至在宫内就近制作皇家消费品。

清朝的养心殿造办处就是在上述背景下专设的一个机构，负责管理宫廷作坊，制作皇室把玩的工艺品。其肇创于康熙初年，直至1924年末代皇帝溥仪出逃才自行解散。造办处对宫廷作坊的管理严密、分工细致。其制作网则是全国性的，除宫中厂房外，景山、圆明园等地尚有许多作坊。一些特种工艺则由造办处设计画样，交杭州、苏州、江宁三织造以及九江关、粤海关等处御用作坊制作。在造办处服务的能工巧匠都是由各地督抚选送，他们是清代宫廷艺术品的主要生产者。留存至今的清代宫廷珍藏艺术品，除了部分是由各地官员进贡之外，大部分是造办处各作工匠的杰作。

在造办处服务的工匠中，由苏州、江西、广东及三织造处选送的工匠被统称为南匠。故宫博物院研究员杨伯达在整理造办处史料的过程中，统计出康熙至乾隆年间服务于造办处的广匠人数：

迄今已查到18世纪在养心殿造办处工作过的广东工匠70名,即康熙时代4名(徒弟2名未计)、雍正时代10名、乾隆时代56名。按工种分为玻璃匠2人、画画人1人、珐琅匠20人、牙匠11人、自鸣钟匠1人、镟匠2人、广木匠33人。他们在内廷行走时间长短不等,最长者有40余年,最短者仅行走5天。[1]

以上数据,足以说明在乾隆朝的养心殿造办处,广匠所居地位不可小觑。而从工匠工种的类别可以看出,18世纪广东的画珐琅、牙雕和木作技艺尤令清廷瞩目。18世纪入京的70名广匠中,在内廷行走时间最长的就是乾隆十四年(1749)入宫的广东牙匠黄兆,直到嘉庆二年(1797)他才离开内廷,在清宫服务近50年之久。

笔者根据杨伯达《十八世纪清内廷广匠史料纪略》一文提供的史料,整理出《雍正、乾隆朝养心殿造办处广东牙匠名录表》。

雍正、乾隆朝养心殿造办处广东牙匠名录表

朝代	工匠姓名	入造办处年份	由哪位广东官员选送
雍正朝(1723—1735)	陈祖章	雍正七年(1729)	广东巡抚祖秉圭

---

[1] 杨伯达:《十八世纪清内廷广匠史料纪略》,收入氏著:《中国古代艺术文物论丛》,紫禁城出版社,2002年,第308页。

（续表）

朝代	工匠姓名	入造办处年份	由哪位广东官员选送
乾隆朝（1736—1795）	李裔唐	乾隆三年（1738）	粤海关监督郑伍赛
	萧汉振	乾隆三年（1738）	粤海关监督郑伍赛
	黄振效	乾隆三年（1738）	粤海关监督郑伍赛
	杨维占	乾隆三年（1738）	粤海关监督郑伍赛
	陈观泉	疑于雍正年间	随父陈祖章入造办处无偿报效
	司徒胜	乾隆八年（1743）	不详
	黄兆	乾隆十四年（1749）	粤海关监督硕色
	李爵禄	乾隆二十三年（1758）	粤海关监督李永标
	杨有庆	乾隆三十八年（1773）	粤海关监督德魁
	杨秀	乾隆年间	随父杨有庆入造办处

上表清楚地表明：雍正朝13年，仅陈祖章一人进入造办处；而乾隆朝60年间，共有10名广东牙匠入京。并且大部分是由乾隆皇帝下谕旨要求广东官员选送的，充分证明广东牙雕工艺在全国的领先地位。其中乾隆三年（1738），造办处共有陈祖章、李裔唐、萧汉振、黄振效、杨维占、陈观泉6名广东牙匠，可与苏州牙匠平分秋色了。乾隆十四年（1749）入京的牙匠黄兆在内廷行走近50年，是专门雕刻人物的好手牙匠。连同陈祖章在内的11名广牙匠在乾隆年间制成了许多巧夺天工的象牙工艺品，有一些至今仍珍藏在两岸故宫博物院，成为今天我们鉴赏和研究清代广东牙雕技艺的珍贵文物。

最早进入造办处的广东牙匠——陈祖章

据现存的造办处史料,最早进入造办处的广东牙匠是陈祖章:

> (雍正七年)祖秉圭处送来匠人折一件,内开:牙匠陈祖章一名,木匠霍五、小梁、罗胡子、陈斋公、林大等五名。传怡亲王谕:着交造办处行走试看。遵此。①

雍正七年(1729),雍正皇帝起用已被罢免的原广西巡抚、满洲上三旗包衣奴才祖秉圭,出任粤海关监督一职。走马上任后,祖秉圭立即投雍正帝所好,选送牙匠陈祖章入京。据杨伯达《十八世纪清内廷广匠史料纪略》一文所载,陈祖章不仅是迄今已知最早进入造办处的广东牙匠,也是雍正朝造办处的唯一一位来自广东的牙匠。②关于雍正朝陈祖章在造办处的活动,杨伯达在文中并未详述。下文将重点分析几则相关史料,试勾勒陈祖章在雍正时期的活动轨迹。

如前所述,雍正七年陈祖章被送入京,当时怡亲王谕示交造办处行走试看,再行定夺是否留用。由于史料记载的不足,我们无法得知陈祖章随后在造办处的活动情况,但考故宫档案

---

① 朱家溍选编:《养心殿造办处史料辑览》(第一辑雍正朝),紫禁城出版社,2003年,第152—153页。
② 详见杨伯达:《十八世纪清内廷广匠史料纪略》,收入氏著:《中国古代艺术文物论丛》,紫禁城出版社,2002年,第309—310页。

中几则雍正年间造办处牙匠的相关史料，尚可推度其在内廷的某些信息。如雍正九年（1731）一则史料记载：

> 雍正九年五月十九日内务府总管海望奉上谕：造办处所做洋漆活计甚好，着将做洋漆活计之人每人赏给银十两。做的荷叶臂格亦甚好，亦赏给银十两。钦此。随又奏称：做洋漆活计还有柏唐阿左世恩、佛保、六达子三人管理，再有做砚台、做牙活南匠施天章、顾继臣、叶鼎新等几人，俱在圆明园长住应差，做活甚勤等语奏闻。奉旨：着将佛保等三人每人赏官用缎一疋，其余人尔酌量按等次赏给。钦此。于本日内务府总管海望定得匠役花名银两数目，计开：洋漆匠李贤，洋金匠吴云章，牙匠施天章、屠魁腾、叶鼎新、顾继臣，以上六名每名银十两。牙匠封岐，一名，银六两。玉匠邹学文，牙匠陆曙明，彩漆匠孙盛宇，砚匠黄声运、王天爵、汤褚冈，彩漆匠王维新、秦景岩，家里漆匠王四、柳邦显，以上每名银五两。广木匠罗元、林彩、贺五、梁义、杜志通、姚宗仁，以上六名每人银四两。家内漆匠达子、段六，玉匠鲍有信、玉斌、陈宜嘉，以上五名每人银三两。以上柏唐阿三人、匠役二十八名，共用官用缎三疋，银一百五十五两。①

---

① 朱家溍选编：《养心殿造办处史料辑览》（第一辑雍正朝），雍正九年"造办处事务附载于杂活作档中者"条，紫禁城出版社，2003年，第211—212页。

此次较大范围的赏赐，固然体现了雍正皇帝对造办处工匠成绩的赞赏，实际也披露了该年各作优秀工匠名录。其中牙作技艺最高者为南匠施天章、屠魁腾、叶鼎新、顾继臣，不仅获得十两银的最高赏赐，还获准在圆明园长住应差。其次为牙匠封岐，获赏银六两；再次为陆曙明，获赏银五两。而两年前进入造办处行走试看的陈祖章榜上无名，说明他尚未崭露头角，造办处牙作还是由江浙牙匠执牛耳，来自嘉定的竹雕名家施天章独领风骚。

又有一则雍正十年（1732）的史料，说明了此时陈祖章在造办处的地位依然未稳固：

> 八月初四日柏唐阿赵佛保称：祖秉圭进来的牙匠陈祖章等五名，原祖秉圭处按月每人给饭银三两。今据祖秉圭之子说：我父已离任，伊等所用饭银不能照前发给等因回明。奉内大臣海望谕：伊等若无工食银两难以当差，暂将本库余平银两每月每人给饭银三两，俟后新官到任时令其按数补还。记此。①

据查，雍正十年秋天，粤海关监督祖秉圭因贪污受贿被革职。祖秉圭离任，陈祖章的饭银立即没有了着落，又无工食银两，最后只能由内务府先垫支饭银，再由继任的粤海关监督补回。据查雍正三年（1725）起造办处工匠工食银等不再由原属地督抚支付，改由造办处承担，为何此处记载陈祖章无工食

---

① 朱家溍选编：《养心殿造办处史料辑览》（第一辑雍正朝），紫禁城出版社，2003年，第219页。

银,其饭银还由祖秉圭负责呢?因史料记载不详,无法确知原由。但从中可以推测,此时陈祖章虽技艺不差,但"编制"问题尚未解决,还是个"临时工",因此他的工食银两也就没有保障,饭银还要依靠粤海关监督给养。

此后雍正十一年至十三年(1733—1735)陈祖章在造办处的情况不得而知。到了乾隆二年(1737)十二月初六日,造办处奉旨将陈祖章的钱粮银提高到南匠的最高限额——每月12两[1],这次奖赏表明陈祖章的技艺已经得到乾隆皇帝的赏识,并从此确立了他在造办处的优越地位。

乾隆六年(1741),奉乾隆皇帝旨意,以画院处员外郎陈枚所画12开《百美图》为蓝本,陈祖章领衔与广牙匠萧汉振、陈观泉,南匠顾彭年及常存等四人共同刻就出12板牙雕,最后由乾隆皇帝定名为《月曼清游》册。[2]这是一件极其珍贵的御制象牙工艺品,由乾隆初年宫中技艺最高的五名牙匠费时百日才完成。此册以《百美图》为底稿,又对画面布局、人物活动进行了创作,生动地反映了宫中仕女从正月至十二月的娱乐活动,十二页的景题分别为寒夜寻梅、闲亭对弈、曲池荡千、韶华斗丽、池亭赏鱼、荷塘采蓬、桐荫乞巧、琼台赏月、深秋观菊、围炉博古、文阁刺绣、踏雪寻诗。各页图景以象牙雕刻为主,分嵌各种彩石、青白玉、碧玉、红蓝宝石及玛瑙、玳瑁等,融合了18世纪宫廷牙雕与镶嵌技艺的最高水平,堪称清代

---

[1] 杨伯达:《十八世纪清内廷广匠史料纪略》,收入氏著:《中国古代艺术文物论丛》,紫禁城出版社,2002年,第311页。

[2] 杨伯达:《十八世纪清内廷广匠史料纪略》,收入氏著:《中国古代艺术文物论丛》,紫禁城出版社,2002年,第311页。

牙雕艺术的代表作之一，至今仍保存在北京故宫博物院。陈祖章带领广牙匠萧汉振、陈观泉与南匠顾彭年、长存共同完成了这件流芳百世的象牙艺术品，也说明此时由陈祖章领衔的广牙匠在造办处的地位已经超越苏州牙匠。

乾隆七年（1742），陈祖章以"年迈眼迟，不能行走"为由，恳祈回籍，得乾隆皇帝恩准，赏银30两，荣归故里。① 陈祖章入京效劳13年，扬广东牙雕之威，深得圣心。乾隆二年（1737）八月二十一日，造办处奉上谕寄字粤海关监督郑伍赛着将好手牙匠送二三名来京，广牙匠李裔唐、萧汉振、黄振效、杨维占随即入京；乾隆十四年（1749）七月造办处又传于广东将会雕人物的好手牙匠送一名来京，广牙匠黄兆被送入京。乾隆皇帝之所以钦点选送广牙匠入宫，无疑与陈祖章在雍正末年至乾隆初年在造办处的突出功绩是紧密相联的，正是他精湛的技艺赢得了乾隆皇帝对广东牙雕工艺的器重和赏识。

工艺的交流传播和匠人的流动，有利于全国手工业制造水平的提高。清代民谚"苏州样，广州匠"，既揭示了苏州工艺作为传统的中原文化代表的重要地位，亦反映了广东工匠异军突起，大胆创新、不拘一格，精益求精。至乾隆年间，广州工艺作为后起之秀，与苏州工艺双峰并峙，各显其妍，共同为中国工艺美术的发展做出贡献。

---

① 杨伯达：《十八世纪清内廷广匠史料纪略》，收入氏著：《中国古代艺术文物论丛》，紫禁城出版社，2002年，第311页。

巧夺天工的广州牙雕

广州牙雕又称"南派牙雕",以广州为生产制作中心,作为一种地方性传统工艺已有两千多年的历史。有关象牙原材料进口的确切记载,最早可追溯到《汉书》卷二十八下《地理志》的记载:"粤地……处近海,多犀、象、毒冒、珠玑、银、铜、果、布之凑,中国往商者多取富焉。番禺,其一都会也。"[1]1983年发现的广州象岗山西汉南越王赵眜墓,从西耳室中出土5支原支象牙,虽已全朽裂,经专家鉴定为非洲象牙,可与汉代文献互证。[2]西汉南越王博物馆收藏的原支象牙和金扣牙卮可谓岭南地区发现最早的象牙及金属制品,匠心独运,整体成圆筒形,高5.8厘米,厚仅0.3厘米,出土时被装在一个漆木酒杯内,卮盖内针刻有凤鸟、飞雁纹,盖身刻四只独角神兽,神兽张口回首、姿态威猛[3],既代表了当时牙雕及金属铸造的高超技艺,也充分显示了皇家独有的装饰艺术和审美情趣。图3、图4该墓还同时出土象牙印章、象牙算筹和残牙雕器,说明当时广州工匠已掌握了一定的牙雕制作工艺。

广州作为史书记载的"广州通海夷道"的起点,毫无疑问是唐朝与南海诸国通商的重要门户,得天时地利,市舶贸易不断繁荣,政治与经济地位都极其重要,中央朝廷率先在此设官建制。作为海外舶来品的象牙原料源源不断地输入广州,本地象牙制品也不断推陈出新。蔡鸿生在《市舶时代广府的新事物》一文中,总结了唐代至清中叶以前,广州口岸因为市舶贸

---

[1] 《汉书》卷二十八下《地理志》,中华书局,1962年,第1607页。
[2] 广州市文物管理委员会、中国社会科学院考古研究所、广东省博物馆编:《西汉南越王墓》(上),文物出版社,1991年,第138页。
[3] 广州市文物管理委员会、中国社会科学院考古研究所、广东省博物馆编:《西汉南越王墓》(上),文物出版社,1991年,第138页。

原支象牙，西汉南越王博物馆藏

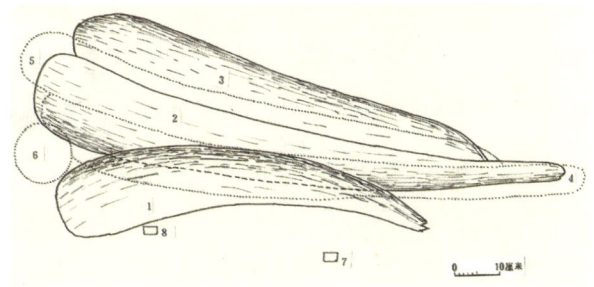

原支象牙出土状况草测图

易衍生的六类新事物：新官制、新族群、新社区、新舶货、新行业和新礼仪，其中"新行业"一类述及的和香人、解犀人、译人、舶牙四类新兴职业都与海外贸易有关，值得学界关注。①他引用宋代文献加以证明，当时进口的象牙和犀角都是以整株的原生形态输入广州的，因此必须经过切割以后，才能加工制成带扣、笏板、腰饰及其他工艺品。②解犀人因而成为广州象牙行业必不可少的一类专业人士，他们所承担的工作也

---

① 详见蔡鸿生：《市舶时代广府的新事物》，载氏著：《蔡鸿生自选集》，中山大学出版社，2015年，第130—141页。
② 详见蔡鸿生：《市舶时代广府的新事物》，载氏著：《蔡鸿生自选集》，中山大学出版社，2015年，第138页。

金扣牙卮,西汉南越王博物馆藏

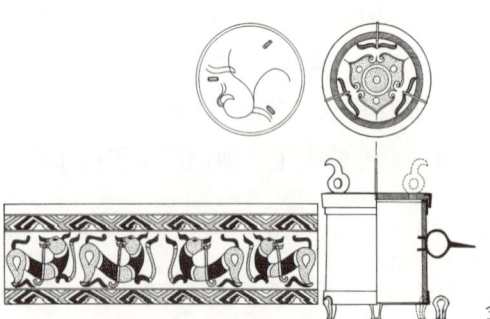

金扣牙卮展开图

巧夺天工的广州牙雕

清末象牙透雕人物双耳对瓶,广州博物馆藏

是整个牙雕工艺中必不可少的环节。

广州作为南派牙雕的中心,自有其地域上得天独厚的优势,除了上述历朝历代海外贸易永不停歇,确保了原材料的进口,气候也是不容忽视的因素。象牙质地坚硬、细密,要经过切割、钻孔、分层、雕刻等多种工序才能成就精品,正因为广州气候常年温暖湿润,象牙在制作过程中不易因温度湿度下降引起脆裂,让牙匠们可以随心所欲,将整枝的象牙幻变成薄如纸、细如丝的各式工艺品,成就了广州牙雕的特色和绝技。

清代广州"一口通商"时期,大量象牙原料的进口和国内外市场的进一步繁荣,推动了广州牙雕行业的发展,与江南牙雕、宫廷牙雕并称为乾隆时期中国三大流派。乾嘉年间的广式牙雕以精细工整、玲珑剔透著名,尤以牙球、牙舫、牙扇最具代表。明人曹昭所撰的《格古要论》被誉为现存最早的一部文物鉴赏专著,分为概述、名玩优劣、作伪手法和真伪鉴别。其卷中"珍奇论"有"鬼功毬"一条,云"尝有象牙圆球儿一个,中直通一窍,内车数重,皆可转动,故谓之'鬼工毬'。或云宋内院中作者"[1],这种被誉为"鬼功球"的象牙球多为宫廷御用之品,因其神乎其技、鬼斧神工一般的雕刻技艺,令世人惊叹,它们最主要的生产基地就在广州。牙球多用整块象牙雕刻而成,工序大致分为选料裁料、铣车成球、钻孔眼、镂脱分层、球面浮雕、内层戳花、打磨成品等多道。其中分层可谓最关键的步骤,通过球体表面钻镂的直径大小一致的同心孔洞,用特制勾刀由球心往外层层切割钩层,直至内层如绿豆大小。在此过程中,工匠仅凭肉眼看不到球内的情况,全凭握刀的手来感觉,心、刀、球必须融为一体,稍差分毫也许就功亏

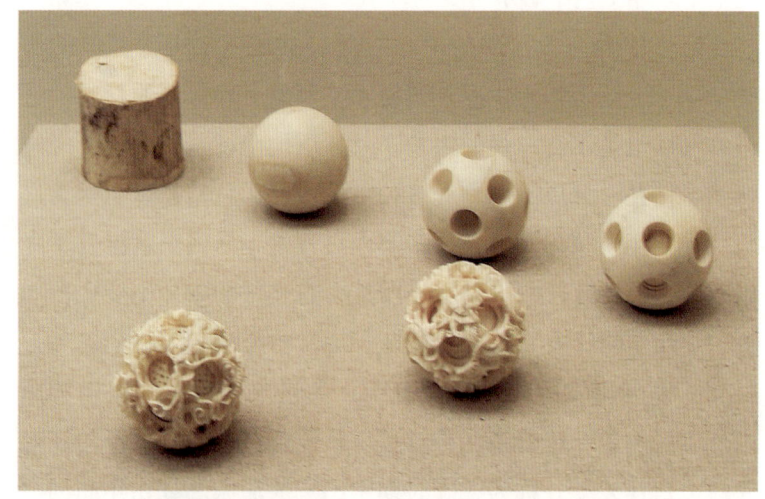

现代象牙球雕刻工艺一套六组,广州博物馆藏

---

[1] 曹昭:《格古要论》,中华书局,2012年,第203页。

一篑了。分层数量越多，工匠的技术越高，每增加一层都是技艺的突破，也是牙匠们精益求精的最佳体现。1915年在美国举办的巴拿马太平洋万国博览会上，中日象牙行业展开了严酷的较量。由广东象牙行业商号公推的"联盛号"代表中国出席巴拿马博览会，该号以翁昭、梁雄等人设计的25层象牙球参会，与日方吹嘘的30层象牙球同场竞技，经过主办方严谨的审查和检测，发现日方提交的象牙球为粘接而成，中国象牙球以优质选材、奇工巧绝、雕纹精致最终荣获金奖。经过一百年的不断探索与技术革新，如今广州艺人生产的象牙球层数最高可达50多层，至今仍是世界奇技。

广州牙雕工艺繁复，有单线阳刻、浅浮雕、镂空雕各式雕法；又可融合镶嵌、拼接、原色、染色技艺，根据不同的原材料灵活采用，既尽可能节省原料，又充分体现材质、造型、色泽之美。以19世纪下半叶粤海关官员进贡给慈禧太后祝寿的象牙镂空雕刻娱乐升平花舫为例，运用了多种技法，尽显皇家雍容华贵之气，寓以吉祥如意，是当时广东贡品的代表之作。这艘象牙船共三层，船长93厘米，宽17.5厘米，高53厘米，船体用象牙片拼装而成，镶有少量铁和贝壳等材料。整船巧用镂雕和圆雕，雕有各种形态的人物和花草盆景、旌旗等装饰，人物、花草、旌旗用彩色描画，工艺精巧，玲珑剔透，是难得的精品。此船由故宫博物院调拨广州博物馆收藏，另有一艘同时期制作的象牙凤船现藏故宫博物院。

乾嘉时期的广州还生产各式各样的牙雕女红盒，使用透雕、镂雕工艺，又融合镶嵌、拼接手法，兼具观赏性与实用性。如广州博物馆藏清代象牙雕市井图针线盒，长25.5厘米，

清象牙镂空雕刻娱乐升平花舫，广州博物馆藏

清象牙雕市井图针线盒，广州博物馆藏

宽19.5厘米，高16厘米，盒面的人物故事图案繁而不乱，雕工细腻、典雅，内设各式象牙制女红工具，是广州口岸生产的精美绝伦的外销艺术品，以浓郁的中国风情吸引了欧美高端消费人群的眼光。广州牙雕工艺的精益求精，也带动了岭南地区玳瑁、硬木、犀角、水晶等其他进口物料雕刻技艺更上一层楼，不同行业的技术交流与融合，又促成了广州工艺再攀高峰。

与此同时，广州牙匠们并未满足于一器之技，而是根据不同市场不同消费群体的需求，不断创新求变，如巧妙地在象牙器上增加了其他材质，使之亮点迭现。以折扇为例：象牙为骨，扇面使用纸本绘画、广绣制品多种工艺，千变万化。其中一种被誉为"广州扇"者：纸本扇面绘以人物故事，复以象牙贴面，塑造不同人物的五官形象，令其栩栩如生。有的还在扇面加粘羽毛、流苏等材质，迎合了18、19世纪西方上层社会的流行时尚，与当时欧美王室、贵族的宫廷风格服饰融为一体，更成为海外市场追捧的热销产品。又如，在广州特有的紫檀、酸枝等家具或摆件中，嵌入象牙雕刻的人物、景物配件，整件作品令人眼前一亮。

除了融合不同材质，广州牙雕还在造型上敢于突破，不断创新求变。这一点在外销产品上表现得淋漓尽致。乾嘉年间广州口岸一口通商，令欧美商船抵港数量不断攀升，因应这些西方订购者的要求，外销牙雕呈现出更明显的中西合璧特色，如名片盒、国际象棋、赌博筹码、胸针、裁纸刀、台灯、图章、烟嘴、项链等，盖为西方消费者特制的产品，既融合广州牙雕精湛的技艺和中国风格的人物、花卉图案，又具有西方社会的实用造型，应属当时来样定制又有所创新的上乘之作。1793年

清象牙雕缎面绣花鸟扇,广州博物馆藏。

19世纪象牙雕名片盒,广州博物馆藏

19世纪象牙雕胸针,广州博物馆藏

曾随英女王特使马戛尔尼来访的巴洛,回到伦敦出版了游记《旅行在中国》。他在书中特别推崇一种中国工艺品,"看来最优美、最完美无瑕的顶峰",指的就是象牙雕刻,而当时欧洲人能接触到的牙雕制品绝大部分是广州的外销象牙品,广州牙雕为中国牙雕在世界上赢得了声誉!

广州牙匠取材于进口物料,融合岭南雕刻工艺,物尽其用,匠心独运,在方寸之间变幻无穷,为世人呈现出或精巧玲珑或恢弘大气的无数精品。这些两百多年前生产的不朽之作,无论是珍藏于紫禁城内,还是漂洋过海成为欧美王室贵族的传世珍宝,都蕴含着工匠们的奇思妙想和巧夺天工的技艺,使广州牙雕的历史地位和影响力延续至今,屹立于世界工艺美术之林。

中西合璧的广州织金彩瓷

中国瓷器外销的历史始于唐代，长沙窑、越窑、龙泉窑、德化窑、建窑、吉州窑、耀州窑、西村窑等著名外销瓷窑口的产品是8—15世纪帆船贸易的重要货物，大量被运往东亚、东南亚、中亚、西亚、非洲各地，谱写了中国陶瓷贸易的辉煌篇章。在此过程中，广州作为永不关闭的对外贸易港口，成为国内各类外销瓷订制和装运的集中地之一，在中国外销瓷贸易历史上的地位不言而喻。16世纪以后，中西贸易航路逐渐开通，随着西方航海国家的纷纷东来，欧美市场逐渐替代东南亚和阿拉伯市场，成为中国外销瓷的主要目的地。明末清初，新的外销瓷品种层出不穷，并且为了适应西方市场，呈现与之前截然不同的类别和风格，如克拉克瓷、巴达维亚瓷、五彩、粉彩、中国伊万里瓷、广彩等等。每一类外销瓷都代表了某一时期的外销市场需求和装饰艺术，凝聚了中国工匠的技艺和外国商人的智慧，它们的出现打开了一扇扇东西方贸易、文化交流和社会交往的窗口，是兼具中国工艺和时代风潮的独特外销商品。[1]

广州作为18—19世纪对欧美国家贸易的重要口岸，成为西方商船来华的主要目的地。广州博物馆收藏的一幅油画，绘制的是19世纪众多西洋船舶停靠的黄埔锚地，满载货物的英国、荷兰、美国商船在此缴纳关税，再用小船将货物运至十三行商馆区进行贸易，半年后回程时，购买大量中国外销瓷作为压舱货物，运回欧洲赚取高额利润。

---

[1] 有关外销瓷对中西文化交流的影响的相关论著，参见甘雪莉：《中国外销瓷》，东方出版中心，2008年；曾玲玲：《瓷话中国——走向世界的中国外销瓷》，商务印书馆，2014年。

黄埔铺地，19世纪油画，广州博物馆藏。

广彩的诞生

"广彩"是广州地区釉上彩瓷艺术的简称,以构图紧密、色彩浓艳、金碧辉煌为特色,犹如万缕金丝织白玉,又称"广东彩"或"广州织金彩瓷"。这是一种广州口岸在清代初期对西方航海国家的贸易过程中出现的外销瓷新品种,有其独特的时代背景和地域特色。

据清人刘子芬《竹园陶说》记载:

> 海通之初,西商之来中国者,先至澳门,后则径趋广州。清代中叶海舶云集,商务繁盛,欧土重华瓷,我国商人投其所好,乃于景德镇烧造白器,运至粤垣,另雇工匠,仿照西洋画法加以彩绘,于珠江南岸之河南开炉烘染,制成彩瓷,然后售之西商。①

这段文字记录了清代广州在中西海路贸易中的重要地位,以及广州本地外销瓷广彩的创烧过程。广彩是因应西方市场的需要而生产的典型外销瓷,由广州工匠们在景德镇白瓷上彩绘各式图样二次低温烧制而成,"投其所好"说明了其作为外销瓷的特性,"仿照西洋画法"更强调了广彩瓷的特色——融合了西方绘画技艺和图案,是清初广州口岸诞生的一种中西合璧的工艺商品。

广州彩瓷创烧于清康熙时期,成熟于乾隆、嘉庆时期,道光至光绪时期臻于全盛,至今仍在大量生产和销售,三百多

---

① 刘子芬:《竹园陶说》,收入《生活与博物丛书·器物珍玩编》,上海古籍出版社,1993年,第103—104页。

年来一直是中国外销瓷的主要品类之一。其以独树一帜的装饰艺术,顺应市场不断创新的工艺,令欧美等国顾客争相光顾;2008年被列入第二批国家级非物质文化遗产名录,是我国陶瓷百花园中永不凋谢的一朵奇葩。

独树一帜的装饰艺术

"织金彩瓷",顾名思义就是广彩艺人利用各种颜色和金银水在白瓷胎上进行钩、描、织、填,仿佛锦缎上绣以色彩绚丽、高雅华贵的万缕金丝,使成品光彩夺目、富丽堂皇,并有某种西方油画的立体透视效果,然后用低温焙烧而成。广彩工匠继承明代五彩、粉彩瓷的工艺特色,吸收西洋画法,绘上具有岭南地方特色的风格图案,例如花篮、龙凤、彩蝶、金鱼、古装人物等,也有直接临摹欧洲商人带来的西洋风景人物绘画等,逐渐形

清乾隆广彩青花描金开光人物纹瓶,广州博物馆藏

成独特的广彩艺术风格。最常用的构图是用花边图案勾勒若干形状各异的空格，在空格内绘以花卉、物景和人物，称为"开光"或"开窗"，是广彩特有的构图形式。也有不设圈格，进行满花彩绘，表现一花多姿、百花齐放的画面。有一首诗非常形象地概括出广彩的装饰特色："彩笔为针，丹青作线，纵横交织针针见，何须锦缎绣春图，春花飞上银瓷面。"这种宛如无数金银彩丝织于白玉之上的彩瓷新品种，与国内其他外销瓷单色素雅的艺术风格迥异，却深受欧美市场喜爱，成为18、19世纪中国外销瓷市场的生力军。

除了色泽艳丽的釉彩和独特的开光构图，广彩瓷的装饰图案也别具一格，可分为中国风情和西方情调两种风格。广彩沿用了青花瓷同样的中国花卉、景物图案装饰，同时创新地呈现更具时代特征的中国元素，如清康熙至道光年间常见的"满大

清乾隆广彩"满大人"图盘，广州博物馆藏

清嘉庆广彩锦地开光人物纹茶壶，广州博物馆藏

人"图案。"满大人"一词,最早出现于17世纪初葡萄牙与中国开始通商之时,葡萄牙人最先用这个词汇称呼中国的官员,之后到东方贸易的西方人就沿用这个名词指代清朝各级地方官员。广彩"满大人"图案泛指具有明显时代特征的清装人物故事图,分为夏装、冬装,主题包括居家品茗、园林游览、野外狩猎、阖家欢乐等,背景还可绘上小舟、远山、丛林、楼阁、房屋等等。无论绘在盘、碟、碗、壶、杯、盅、罐等何种尺寸的器物上,都具有极强的故事性和画面感,令人眼前一亮。"满大人"图案以中国人的日常生活情景为题材,有一定的故事情节,人物表情刻画较为细腻,画面耐人寻味,满足了17、18世纪欧洲"中国热"时期西方人对东方文明的好奇和向往,成为畅销的品种。

17—18世纪,许多画家随外国使团来中国,用画笔描绘了

清乾隆广彩开光人物纹碗,广州博物馆藏

他们在中国的所见所闻，包括中国官员的生活和工作，也有许多游记对此进行描述，这些文字和图像描述进一步引发了西方社会对中国人生活的好奇，广彩"满大人"图案应运而生，可谓按需生产的商品。

广州博物馆收藏的清嘉庆广彩锦地开光人物纹茶壶，壶身描绘了清代满族家庭的生活情景：右后方以半圆形勾勒出旗人小姐闺房一角，左后方的厅堂案桌上摆放着新鲜水果。正前方是夫妻和幼儿，男女主人头戴毡帽，身穿有毛领的长袍，女主人和男童都手捧茶碗。因茶壶壶身小，可供绘图面积也小，但是通过巴掌大的壶身图案，描绘出清朝家庭的一个侧面，实属难能可贵。

广州博物馆收藏的清乾隆广彩开光人物纹碗，正面共绘八位神态各异的清朝人物，其中三位成年女性，三位成年男性，另有两名孩童，衣着色彩鲜艳，人物之间眼神各有交流，可分为三组人物故事。最左侧一对男女似为情侣，姑娘倚窗望向屋外，庭院中有一名红衣年轻男子，正遥遥相望，两人似在互诉相思。中间一对年龄相仿的女性，衣着服饰打扮相当，在亲密交谈。最右侧四位人物，蓝色长袍端坐者应为职位较高的官员，红色长袍站立者为其下属。人物背后是中国山水景色，有小舟、远山、楼阁、房屋。整个画面描绘的是中国人的生活环境和日常生活情景，有一定的故事情节，人物表情刻画较为细腻，耐人寻味。

除了世俗生活题材，戏剧小说、神话故事题材也是广彩瓷常见的图案。明末清初是中国戏剧小说的高峰时期，《西游记》《水浒传》《西厢记》等名著均在这一时期诞生，并随着戏曲、小说的流行而广泛传播，受到新兴市民阶层的欢迎，被大量运用在与百姓生活紧密相连的瓷器装饰上。清初康、雍、乾三代，这类题材被大量运用到外销瓷的绘画装饰上，其中13世纪王实甫创作的戏剧小说《西厢记》最受欢迎，受到中国消费者和西方顾客的喜爱，中国古典文化以此为载体呈现在西方人的眼前。

清嘉庆广彩三国故事图盘，广州博物馆藏

广州博物馆收藏的清嘉庆广彩三国故事图盘，图案描绘的是《三国演义》中吕布窥妆的情景。

中国古代神话人物纹饰出现在瓷器上始见于魏晋时期，由简至繁，到清代已趋成熟，题材广泛，绘工精湛。康、雍、乾时期外销欧洲的华瓷中，以中国古代神话传说为题材的纹饰层出不穷，

清道光广彩《封神榜》图包袱瓶，广州博物馆藏

清嘉庆广彩八仙过海大盘，广州博物馆藏

满足了西方消费者对东方文明的好奇心和猎奇感。如家喻户晓的八仙故事，主角是中国民间流传已久的八位道教神仙，即汉钟离、张果老、铁拐李、韩湘子、曹国舅、吕洞宾、蓝采和、何仙姑。民间有许多关于他们的神话传说，其中尤以"八仙过海""八仙祝寿"流播最为广泛。八仙题材于明代开始出现于瓷上绘画，多绘在大件的器物上，如广州博物馆所藏广彩八仙过海大盘，描绘的是八仙赴蟠桃盛会的情景，画面虽人物众多，但以端坐于舟上的八仙为中心，构图饱满，色彩艳丽，故事性很强。

另一类装饰图案则来自海外市场，充满异域风情。这些图案大多出现在私人贸易的订单，专为某个家族、个人或王室、机构、公司所定做，瓷器质量上乘，价格昂贵。西方著名的港口、城市风光、重大历史事件、希腊神话故事、著名画作、特殊设计图案、个人纹章等通过特殊定制的方式绘于广彩瓷器上。该等既是东西方文化的交流的结晶,也是研究艺术史、社会史的重要材料,生动反映了广彩生产和销售过程中的中西文明的融合。

如一款非常特别的英国定烧瓷,在瓷器的边缘绘制了对称的两座港口或贸易城市风光。这些港口和城市,如伦敦、普利茅斯、马德拉斯、黄埔、广州等,都是在18世纪中英贸易关系中极具地位和作用者。这款瓷器成为18世纪中英贸易历史的重要见证。

广州博物馆收藏的清乾隆广彩描金徽章开光风景纹汤盘,

清乾隆广彩描金徽章开光风景纹汤盘,广州博物馆藏

纹饰均为海棠形开窗,开窗内绘广彩纹饰。盘中央为马德拉斯港市风景图,边沿绘有中国黄埔港和英国普利茅斯港景物。盘口沿上下绘有拉德伯恩的波尔家族纹章,为利物浦国会议员查尔斯·波尔而制,纹章上的燕子暗示了查尔斯为波尔家族第四子。

西方神话故事图案也是18世纪欧美定烧瓷的一类特殊品种,由广彩工匠采用欧洲绘画技法,临摹欧洲商人带来的画稿绘制而成。通过外销瓷的定制,西方神话故事以图像形式传入中国,其中蕴含了中国工匠对西方神话故事的理解和创新,是中西方艺术、文化结合的产物。

广州博物馆收藏的清乾隆广彩希腊神话故事《巴利斯的审判》大碗,口沿描金彩,外壁开窗绘两幅相同的希腊神话故事《巴利斯的审判》图案。这是广彩工匠根据西方商人提供的画作进行加工的典型器物,估计工匠们并不清楚这一神话故事的来源,只是依葫芦画瓢,画中人物的角色和性格特点并未能准

清乾隆广彩希腊神话故事《巴利斯的审判》大碗,广州博物馆藏

确地表现，但是工匠们模仿西方油画的技法来处理画面的明暗和远近，以表现人物的肌肉和服饰的褶皱，达到某种立体透视的效果。

风行一时的定烧瓷

如上所述，广彩的装饰风格独特、题材丰富，既有西方社会喜爱的中国风情纹饰，也有西方顾客特殊定制的西方风格图案，尽显其作为定烧瓷的特性。中国历代外销瓷都具有来样定做、面向海外市场需求而生产销售的贸易特征，广彩还有什么更特别之处呢？

从生产和销售而言，广彩就地取材，为了节省时间和运输成本，直接用景德镇白瓷胎，在广州照洋商要求，绘制其所需的中西题材图案，低温烧制而成。这种生产方式节约成本、灵活应

冰酒桶

餐盘

奶壶

瑞典定制清乾隆广彩瓷，广州博物馆藏

变,供应及时,能够确保洋商在贸易季节获得欧洲客户特殊定制的瓷器,因此订单数量不断上涨。这种定制方式也使西方商人不断地把欧洲流行的艺术和文化带到广州,以迎合欧洲客户的喜好。当然特殊定制的瓷器比起批量生产的一般货物在工艺和品质上更加精细、耗时费工,价格也更昂贵,但在外销瓷市场上却具有独特的竞争力。

除了装饰图案,器型多变也是广彩的特征之一。《陶录》云:"洋瓷专售外洋者,有滑洋器,泥洋器之分,多粤东人,贩去与鬼子互市,式多奇巧,岁无定样。""式多奇巧,岁无定样"可谓对广彩顺应市场、来样定制最贴切的描述。器型上除了中国传统的碟、盘、茶壶、茶杯、碗外,还按西方顾客的需求仿欧洲金银、玻璃、陶质的餐具、咖啡具、茶具及生活用具,因此大肉碟、酱汁斗、奶壶、盐托、暖盘、汤窝、宾治碗、啤酒杯、冰酒桶、咖啡杯、咖啡壶、剃须盘、烛台、奖杯等等器型,应有尽有,高超的技艺令人叹为观止。1655年随荷兰使节团抵达广州的画家约翰·纽荷芙(Johannes Nieuhof)曾写下这样的字句,来表达他对中国工匠的钦佩之情:

> 此间人民生性灵巧、刻苦且聪敏,对任何手艺制作一看即能学效。葡萄牙人从欧洲带来式样崭新的金银器物,他们都能勉力在短时间内仿制出来。[1]

可见当时广匠高超的技艺、博采众长的创造力,给来粤西

---

[1] 《珠江风貌:澳门、广州及香港》(*Views of the Pearl River Delta: Macau, Canton and Hong Kong*),香港市政局,1996年。

人留下多深刻的印象。据有关资料显示,洋商从17世纪下半叶开始就在广州口岸定制面向欧洲市场、符合欧洲人饮食习惯的瓷器,而拥有一套广州工匠巧手制成、具有特别装饰图样甚至是个人纹章的餐具、茶具或咖啡具,则是18、19世纪欧洲上流社会最值得炫耀的事情之一,也是招待贵客最体面的用具。

"陶瓷之路"的魅力

广彩作为17世纪以来广州口岸的特色商品,从定制、生产到销售都体现了明显的海外市场导向,以独特的工艺和装饰艺术畅销欧美两百多年。作为仅次于青花瓷销量的外销瓷品种,广

清康熙广彩描金徽章花卉纹盘,广州博物馆藏

彩在广州"一口通商"时期销量巨大,而且很多是成套定制的茶具、餐具、咖啡具,至今在欧美国家存世量也是惊人的。以广彩生产为核心形成了口岸与腹地、口岸与外销市场的经济纽带,景德镇的白瓷胎源源不断地运送到广州,穗城商人再根据西方顾客的需求向广州工匠定制不同类型的广彩瓷器,最终这些中西合璧的商品,搭乘各国商船,漂洋过海运返欧美各国,也为跨国贸易商人赢得了暴利。广彩的贸易轨迹,是18、19世纪广州口岸融入全球化贸易的有力例证。

从古到今,市场竞争都是严酷的,物美价廉虽是取胜一法,但质优才是王道。在欧美各国尚未获得制瓷术以前,中国具有技术上的垄断优势,而要在国内众多外销瓷窑口中要占据一席之地,广彩行业同样要不断进行技术革新,精益求精,才能抢占更多的海外市场。回顾广彩瓷器发展历程,在诞生之初吸收了五彩、粉彩的工艺;又因广州口岸的独特优势,借鉴了17世纪刚传入中国的西方珐琅技艺;在西方商人来样订购的过程中,广彩工匠善于学习西方绘画技艺,使广彩装饰图案融入了西方油画的透视技法,尤其是一些高级定制的纹章瓷,胎薄釉亮、绘制精良、工艺殊绝,被誉为外销瓷中的"官窑"产品。

如果仅以工艺特色和外销产生的巨大经济价值来评价广彩瓷器,仍是片面的。作为17世纪以来广州口岸销往欧美的大宗商品,因其融制瓷术和华夏元素于一体,成为传播中国文化的载体,与其他外销艺术品一起掀起了欧美社会的"中国热"。一首18世纪流行于欧洲的诗歌,描绘了时人对中国瓷器的迷恋:

去找那种瓷器吧，

它那美丽在吸引我，在诱惑我。

它来自一个新的世界，

我们不可能看到更美的东西了。

它是多么迷人，多么精美！

它是中国的产品。

诗中所指的瓷器最初应是青花瓷，但是清康熙以后随着广彩瓷的大量外销，这种在釉色和器型上更符合西方人审美情趣，并且更善于融合中西方艺术元素的外销瓷品种，也赢得了欧美市场的青睐。以纹章瓷为例，最初是在景德镇青花瓷上绘制欧洲人的纹章，但因为仅可烧制一种釉色，无法如实反映纹章的准确颜色及其代表的内涵，很快就被广彩瓷取代；并且广彩匠人紧跟海外市场风尚和需求，不断在纹饰和器型上钻研和创新，使广州口岸成为18、19世纪瓷器奢侈品的最大生产和出口基地，在欧美各国上流社会有口皆碑。

曾经，一艘艘满载瓷器的帆船从广州港扬帆出海，"海上丝绸之路"在历史上也曾被誉为"陶瓷之路"。这条连接中国与世界的海上商路，既是东西方世界物种交流的重要通道，也是各国文明相互交流的桥梁。正如荷兰著名的中国外销瓷专家C. J. A. Jörg博士所论：在东西方文化交流的历史上，订烧瓷是其中一个最引人入胜的课题，其订购及生产的情况、绘画的风格、采用模型的出处，以及在欧洲和当时所盛行之"中国风"所扮演的角色，往往反映一些有关18世纪中、欧之间互相影响的关系。[①]《西厢记》中的张生和崔莺莺,与希腊神话《巴利斯的审判》中的巴利斯、赫拉、雅典娜及阿芙罗狄忒,都是曾在清代广彩瓷上活跃的人物。多元文明在此相遇,东西方文化共融,凝结成这种独一无二、畅销世界的特色商品和艺术品,并使之成为多元文化交流和传播的最佳载体,为海外顾客所津津乐道。

[①] 引自C. J. A. Jörg所作《序言》,载《中国外销瓷——布鲁塞尔皇家艺术历史博物馆藏品展》,香港市政局,1989年,第40—41页。

濡染西风的传统广式家具

中国家具的历史源远流长。汉唐以后，人们由"席地而坐"逐渐转变为"垂足而坐"。至宋代，中国家具的造型基本确定。

明代，中国家具的制造技术和造型艺术开始进入了黄金时期。自郑和下西洋后，海运交通发达、东西方往来频繁，印度、东南亚一带的热带硬木如紫檀、酸枝、花梨等源源输入中国沿海各大城市。屈大均在《广东新语》之《诸番贡物》中写道："占城本古越裳氏界，洪武二年，其主阿答阿者，遣其臣虎都蛮来朝贡，其物有象、犀、象牙……乌木、苏木、花梨木……"[1]当时，扬州、苏州和广州都是有名的家具制造中心。从明代直到清代前期制作的家具称为"明式家具"，一般认为其技术已达到艺术形式和力学的最高峰。清代乾隆以后，家具的风格一变而为豪华繁缛，并吸收了外来文化艺术，其风格统称为"清式家具"。清式家具的制造地点主要是北京、苏州和广州，分别称为"京式""苏式""广式"。京式和苏式较多地保留了中国家具的传统样式，广式家具受西方文化的影响较大。[2]

在三大名作中，广作家具深得清代统治者的喜爱。据杨伯达统计，18世纪在养心殿造办处工作过的广东工匠70名，其中广木匠33人，几乎占了一半。[3]又据养心殿造办处档案显示，清乾隆元年（1736），养心殿造办处开始专门设立广木作。[4]杨伯达认为，广木作的特别设立反映了弘历对广东木器的倾心。广木匠分属如意馆和广木作，乾隆初年广木匠仍以雍正朝

---

[1] 屈大均：《广东新语》卷十五《货语》，广东人民出版社，1991年，第377页。
[2] 蔡易安编著：《清代广式家具》，上海书店出版社，2001年，第49页。
[3] 杨伯达：《十八世纪清内廷广匠史料纪略》，载氏著：《中国古代艺术文物论丛》，紫禁城出版社，2002年，第308页。
[4] 张荣选编：《养心殿造办处史料辑览》（第二辑乾隆朝），故宫出版社，2012年，第25页。

广木匠林彩、霍五等人为主。乾隆十年（1745），"广木匠支差甚是勉力，受到奖赏，广木匠林彩、霍五、冯国柱与南木匠、南裱匠等10人，每人各赏银3两"①。

除了在内廷设立广木作制作家具外，从广东官员进单所列的贡物也可见到多款家具，例如乾隆三十六年（1771）七月十七日两广总督李侍尧进单所进家具有：

> 紫檀雕花宝座壹尊、紫檀雕花御案壹张、紫檀镶玻璃三屏风壹座、紫檀雕花炕几壹对、紫檀雕花宝椅拾贰张、紫檀雕云龙大柜壹对、紫檀镶玻璃衣镜壹对、紫檀雕花大案壹对、紫檀雕花天香几壹对……②

这份进单是恭祝乾隆皇帝61岁寿辰之用，是万寿贡，质量比平日的贡品要高很多。③当中出现多款紫檀雕花家具，说明内廷对广式家具的喜爱。

广式家具在清乾隆年间形成和发展，与广州特定的地理位置，以及作为我国对外贸易和文化交流的重要门户的特殊地位息息相关。清代初期，随着对外口贸易的进一步发展，广州的商馆、十三洋行先后建立。在广州十三行附近的护城河玉带濠与珠江相接，舟楫货运非常便利。从清代乾隆年间开始，这里是广州

---

① 杨伯达：《十八世纪清内廷广匠史料纪略》，载氏著：《中国古代艺术文物论丛》，紫禁城出版社，2002年，第317页。
② 转引自杨伯达：《从清宫旧藏十八世纪广东贡品管窥广东工艺的特点与地位》，载氏著：《中国古代艺术文物论丛》，紫禁城出版社，2002年，第332—333页。
③ 杨伯达：《从清宫旧藏十八世纪广东贡品管窥广东工艺的特点与地位》，载氏著：《中国古代艺术文物论丛》，紫禁城出版社，2002年，第334页。

手工业最为繁盛的地段。玉带濠旁边的濠畔街成为清代华南地区繁荣的经济中心，店铺、作坊林立。据屈大均《广东新语》记载：

> 濠畔街当盛平时，香珠犀象如山，花鸟如海，番夷辐辏，日费数千万金。饮食之盛，歌舞之多，过于秦淮数倍。①

在濠畔街一带，既有皮料、象牙、玉器、五金等行业，又是清代广式家具行业的集中地，主要位于玉带濠沿南北两岸的几条长街，即位于归德门外玉带濠南岸的濠畔街东段和华德里、小新街，以及归德门内的走木街、麻行街、象牙街、孚通街、绒线街、白薇街、梳篦街等，这些古老的街道，相连长达十数里，它们靠近广州城南的护城河东，河宽流深，船只可以畅通无阻。②

广东是贵重木材的主要产地，南洋各国的优质木材也多经由广州进口，使得制作家具的原材料比较充裕。玉带濠是木材运输的主要通道，巨大的硬木从港口起卸之后，专门从事搬运的"山寨"（行会）就将这些木材从珠江河面撑入玉带濠运至城墙下面空旷处，经长时间干燥定型以后，才由专人量材开锯，取材时避蛀去皮，大材大用，小材小用。这一工序都在作坊以外的空地进行，并由专业的"开料"作坊承担，然后又按照抖榫、凿花、刮磨、上漆等各工序分由"山寨"包干完成。如果是属"洋庄"的出口家具，为了缩减舱位面积，再经商行

---

① 屈大均：《广东新语》卷十七《宫语》，广东人民出版社，1991年，第420页。
② 蔡易安编著：《清代广式家具》，上海书店出版社，2001年，第52页。

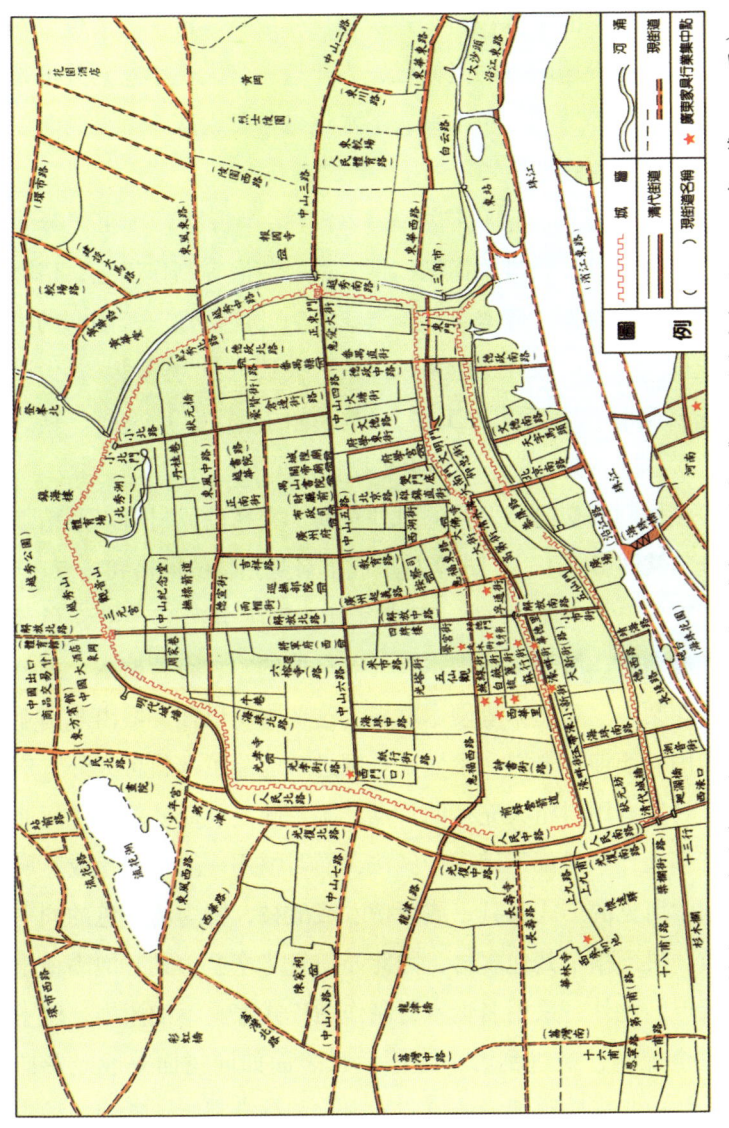

清代广州酸枝家具生产分布图（采自蔡易安编著：《清代广式家具》，上海书店出版社，2001年，第54—55页）

依榫口重新拆卸,然后装箱货运出口。玉带濠运输上的便利,使其南北两岸的家具作坊,鳞次栉比,成行成市,行会也设在濠畔街。据世居附近的人回忆,当年这一带大街小巷到处都是家具的硬木碎屑和红色木糠,下水道也常常淤塞,可见当时广式家具生产的盛况。[①]

从上文可见,清代广式家具分有多个行会,按工艺分主要设三个堂口:装抖(指刨、锯、凿、装嵌等制作工艺,俗称"抖木")的为"务本堂",雕花的为"广兰堂",刮磨的为"光远堂"。后来分工越来越细致,大致可分为开料、抖做、雕花、刮磨、上漆几大工序,以传统的生产工具(斧、锯、錾、凿、刨、钻等),采用手工操作。

在便利的交通、发达的对外贸易、充裕的原材料以及精细的分工共同影响下,广式家具形成了自身独特的风格和特点。

首先,在选材方面,广式家具选料十分考究,推崇色泽深、质地密、纹理细的硬木,一般选取的木材有紫檀木、酸枝木、花梨木、鸡翅木等硬木材料,这些木材以往一般由东南亚的泰国、缅甸、老挝、柬埔寨等国进口。除了选料考究外,广式家具还有用料粗大充裕的特点,不论腿足、立柱等构件弯曲度有多大,一般都不用拼接做法,而习惯用一块木料挖成,所以通常所见的广式家具,或紫檀、或酸枝,皆为清一色的同一木质,决不掺杂其他木材,因此显得气势恢弘,具有饱满稳重的特点。此外,采用名贵木材制作的广式家具不加漆饰,使木质完全裸露,经过刮磨上生漆后,表面如同镜面一般光彩照人,触摸起来质感细滑清凉,从视觉和触觉都能感觉到一种深

---

① 蔡易安编著:《清代广式家具》,上海书店出版社,2001年,第52—53页。

厚含蓄、华贵雍容的美感。

其次，装饰花纹雕刻较深，刀法圆熟，磨工精细。广式家具装饰花纹的雕刻风格，在一定程度上受西方建筑雕刻的影响，雕工深峻，浮雕隆起较高。一组线条往往由不同层次来表现，雕刻花纹大都隆起，个别部位接近圆雕，刀法圆熟。但磨工精细圆滑，使纹饰表面莹滑如玉，丝毫不露刀凿痕迹。

复次，在装饰题材方面，由于广州是当时重要的进出口口岸，接触西方器物的机会比较多，可以方便地接受西方的纹饰内容，使得广式家具上装饰的图案具有了中西结合的特点。比较突出的是在家具上习惯采用西番莲纹饰，这种花纹形似牡丹，线条流畅，变化多端，可根据不同的器型而随意生发延伸。

除装饰西式纹样以外，还有相当数量的广式家具饰以中国传统纹样。如各种形式的海水云龙、海水江崖、云纹、凤纹、夔纹、蝙蝠、磬、缠枝或折枝花卉以及各种花边装饰等。有的广式家具中西两种纹饰兼而有之，有些广式家具乍看都是中式花纹，细看又或多或少地带有西式痕迹。总之，在广式家具中，带有洋式花纹或西洋纹饰痕迹的约占十之六七。[①]这一点在当时家具行刊印的图样集中可以看得很清楚。

成书于清末、由广东"五常"酸枝家具商行刊印的家具图样集《广东五常酸枝家私》，收录了近600款清代广式家具图样，全部由当时民间画工绘制。画工绘制时吸收了西洋的绘画方法，符合透视原则，并且都标明英制尺寸，其中既有传统的，也有中西结合的，有的甚至在造型上完全仿效西式家具的结构和装饰纹样。图集用洋纸洋墨印刷，十分精细，印制的目

[①] 参考胡德生：《清代广式家具》，《故宫博物院院刊》1986年第3期，第13页。

《广东五常酸枝家私》印刷本封面

的是提供样式给外商定制。这本《广东五常酸枝家私》可让我们看到广式家具出口的繁盛，也充分说明与京作及苏作齐名，濡染西风、独树一帜的传统广式家具，是中西贸易和文化交流的产物。

的确，海外贸易的繁盛，"洋装"出口家具生意的兴隆，使得清代广式家具的形式深受西方文化艺术的影响；反过来，中国传统家具造型严谨、肃穆，榫卯结合技巧精密的特点也融入到出口家具的制作中，受到西方人的喜爱。图中的X型扶手椅和X型坐凳，是西方家具影响广式家具造型的典型例子；鬼子柏制作于18世纪中叶，可折叠，完全是仿效英国鬼子柏的样式来做的。

中国传统家具的样式也深深地影响西方家具。蔡易安《清代广式家具》展示了这张荷兰拼木扶手椅，制作于1600—1680年之间，座椅及靠背都是藤编，是刚从中国传入藤编技术后的产品。这个法国立柜，1880年制造，柜门上的纹饰明显仿自中国。

最后，装饰技法上，清代广式家具继承了中国传统家具精雕细刻、描金嵌玉等特点。一方面融合了岭南金漆木雕、玉

| X型扶手椅 | X型坐凳 | 鬼子柺 |

西方家具影响广东家具的例子

荷兰拼木扶手椅　　　　　　法国立柜

雕、牙雕等技艺与手法，同时受西洋文化影响，采用大面积高浮雕，使得家具整体更显气势恢弘、庄重奢华；另一方面大量采用西方的装饰风格及技法，例如采用珐琅镶嵌、象牙雕刻、玻璃油画装饰，喜欢镶嵌螺钿、大理石（云石）、陶瓷等，形成了一套广式家具独特的装饰手法。

其中，随着玻璃油画工艺在中国盛行，这种源自西洋的装饰技艺开始出现在家具制作上，特别是在屏风类家具上应用广泛，如大型的围屏、悬挂于墙壁之上的挂屏、小型的炕屏等，画工精湛。这类吸收了西方绘画风格的玻璃画家具也传入了宫廷中，成为清代宫殿居室内部重要的点缀。

螺钿镶嵌技术也是清代广式家具的精髓所在。螺钿嵌是我国传统家具上常用的做法，也是重要的装饰技法，它融镶嵌、雕刻、绘画于一体，艺术价值极高。"螺钿"均选自江河湖洋中的老蚌、王珧、砗磲或鲍鱼壳等较为名贵的材料，然后打磨成薄片做成花纹镶嵌在器物上。因为嵌螺钿家具的制作成本较高，故在古代社会里被视为珍品。具体做法是将螺钿的珠光层磨薄磨光加工成薄片后，制成花纹、鸟兽、人物形象，嵌入预先雕成的凹形图案内，再髹上一层光漆，之后磨平抛光使其露出钿片，就制成了色彩艳丽的嵌螺钿器物了。镶嵌着螺钿的家具产生一种黑与白的视觉反差，形成了极富装饰美的视觉艺术，使广式家具备显雍容华贵。

总之，清代广式家具在造型上和雕刻上的细腻装饰，都深受外来家具文化的影响。在造型上，由传统的高座式直靠背演变为沙发式矮脚斜靠背；在装饰上，外来的虎爪脚、双狮滚球、洋花、法国式花纹等花款多被采用，雕刻形式发展到半立体多层次的浮雕、通雕、满屏雕，镶嵌工艺被广泛使用，螺钿、大理石等多种材料被用于家具装饰。濡染西风，是清代传统广式家具的最大特色和形象写照。

东西汇流下的广州画珐琅

中国的珐琅器起源自元代初年蒙古大军征西，从一开始就是外来的工艺品种。杨伯达根据这种复合材料工艺的金属加工如铸、錾、锤、雕等方法以及珐琅的性质与处理，如透明不透明、点画等方法的不同，将珐琅器分为錾胎珐琅、掐丝珐琅、半透明珐琅和画珐琅。①其中画珐琅是在金属胎或瓷胎上施白色珐琅釉，入窑烧结后，在其平滑的表面以各色珐琅料和金水绘画图案，再经焙烧而成。因为珐琅料绘画的器物，取得了如油画般的色泽和立体效果，因此也称为"珐琅画"，多画肖像、人物、风景、静物与历史神话、宗教画。除了制作瓶、盒、盘、碗之外，还用于家具、钟表、化妆盒子的嵌件。

画珐琅工艺流程大致分为：制胎、设计、煮料、上底色、烧结、绘彩、烧彩、打磨、抛光。

关于我国画珐琅的起源，杨伯达撰文指出："我国画珐琅是中华民族古代工艺中诞生最晚的一个品种。它诞生之后便迅速成长为清代工艺美术的新秀而闻名遐迩。"②据他考证，我国的画珐琅工艺来自西方。在康熙二十三年（1684）"弛海禁后从西方输入了一批画珐琅器，多集中于广州等港口城市和内廷"③。他还认为，由于广州是弛海禁后唯一正式的对外通商口岸，所以广州应该是西方画珐琅的第一个落脚点。④之后，

---

① 杨伯达：《论景泰蓝的起源》，载氏著：《中国古代艺术文物论丛》，紫禁城出版社，2002年，第239页。
② 杨伯达：《刍议清代画珐琅的起点》，载氏著：《中国古代艺术文物论丛》，紫禁城出版社，2002年，第269页。
③ 杨伯达：《刍议清代画珐琅的起点》，载氏著：《中国古代艺术文物论丛》，紫禁城出版社，2002年，第273页。
④ 杨伯达：《刍议清代画珐琅的起点》，载氏著：《中国古代艺术文物论丛》，紫禁城出版社，2002年，第274页。

画珐琅在清康熙年间的北京和广东两地都有生产。

在北京,据西洋传教士的书信记载,康熙皇帝和官员都特别喜爱从西洋传来的玻璃以及画珐琅工艺。康熙二十六年(1687),法国传教士洪若翰(Jean de Fontaney,1643—1710)一到达中国,就察觉朝野上下对珐琅的喜爱,他写信回国要求运来更多的珐琅器和珐琅画,作为赠送中国官员的礼品。[①]洪若翰在当年的8月25日从宁波给法国写信,对选送什么样的珐琅器来中国提出了具体的要求:"要求进呈画珐琅器给中国人,并坚持不要有裸画像,只要求小件珍玩器。"西洋传教士马国贤(Matteo Rina,1682—1745)也于康熙五十五年(1716)3月自畅春园写信回国说:"皇上变得醉心于我们欧洲的珐琅画,尽各种可能将其介绍进宫中御厂来,由于瓷器绘画之颜色及自欧洲带回的数件大件珐琅器,应有可能在此做出什么来。"[②]信中提到清宫中有欧洲送来的画珐琅作品。马国贤在日记中也提到:"好在宫中有欧洲输入的大件珐琅器可资参考、仿效,再加上中国人原有的瓷器上施彩的经验,珐琅的烧制应该办得到。"[③]从马国贤的书信和日记可看到,康熙皇帝喜爱画珐琅,渴望从欧洲引进画珐琅的新技术在宫廷中进行生产。马国贤写回国的信中还透露了一个有趣的故事:

[①] George Loehr,"Missionary-artist at the Manchu Court",转引自施静菲:《十八世纪东西交流的见证——清宫画珐琅工艺在康熙朝的建立》,《故宫学术季刊》第24卷第3期(2007年),第54页。

[②] 杨伯达:《刍议清代画珐琅的起点》,载氏著:《中国古代艺术文物论丛》,紫禁城出版社,2002年,第270页。

[③] 杨伯达:《刍议清代画珐琅的起点》,载氏著:《中国古代艺术文物论丛》,紫禁城出版社,2002年,第270页。

（康熙皇帝）为了也要有欧洲的画匠，他指派我和郎世宁（1715年抵达澳门）用珐琅彩料来彩绘，然而我们两个考虑到可能要和一群腐败的人从早到晚在宫中作坊内相处，就觉得无可忍受，就推托说我们从来未曾学过此项艺术，但即使如此，在命令的强迫下，我们只好遵从，一直画到本月的31日，在我们从未学习此艺术的前提下，我们毅然下定决心，永远也不想习得此项艺术，我们故意画得很差，当皇帝看到我们的作品时，说"够了"，我们因此从被奴役的状态下得到解脱。[1]

尽管欧洲画匠不愿意在宫中做画珐琅，但并没有影响康熙皇帝要在清宫内制作画珐琅的决心。大概到康熙五十五年（1716），清宫的画珐琅制作已经陆续开展，参与制作的匠人，主要有原来制作掐丝珐琅的工匠、来自江西景德镇的瓷匠以及来自广州的烧珐琅匠，此外就是传教士。

清宫中最早的画珐琅匠人可能是已在造办处效力的景德镇御窑厂画彩瓷的匠师宋三吉，他们参考运至故宫的欧洲画珐琅器，运用自己的经验绘烧画珐琅。而来自广州的画珐琅工匠也起到了很大的作用。据记载，康熙五十五年（1716）九月二十六日，"广州烧珐蓝匠潘淳、杨士章和徒弟共四人进入内廷烧造画珐琅器，还把制造粉红珐琅的方法带到珐琅作，改进

---

[1] George Loehr，"Missionary-artist at the Manchu Court"，转引自施静菲：《十八世纪东西交流的见证——清宫画珐琅工艺在康熙朝的建立》，《故宫学术季刊》第24卷第3期（2007年），第55—56页。

和提高了它的质地和艺术"①。可见,清宫内的画珐琅与广州有着非常密切的关系。

康熙五十五年(1716)九月二十八日广东巡抚杨琳上的一道奏折,让我们看到了端倪。奏折的内容如下:

> 西洋人严嘉乐、戴进贤、倪天爵三名,俱会天文;广东人潘淳,能烧法蓝物件。奴才业经具折奏明。今又查有能烧法蓝杨士章一名,验其技艺,较之潘淳次等,亦可相邦潘淳制造。奴才并捐给安家盘费,于九月二十六日,西洋人三名,法蓝匠二名、徒弟二名,俱随乌林人李秉忠启程赴京讫。再,奴才觅有法蓝表、金刚石戒指、法蓝铜画片、仪器、洋法蓝料,并潘淳所制法桃红颜色的金子搀红铜料等件,交李秉忠代进。②

杨琳的另一道奏折也是记录这件事的:

> 广东巡抚奴才杨琳为呈验事。奴才访得广城能烧法蓝人一名潘淳,原籍福建,住家广东,试验所制物件颇好。奴才令其制造法蓝金钮欲连人进呈内廷效力。……奴才随与安顿家口,并带徒弟黄瑞兴、阮嘉

---

① 杨伯达:《刍议清代画珐琅的起点》,载氏著:《中国古代艺术文物论丛》,紫禁城出版社,2002年,第273页。
② 转引自杨伯达:《刍议清代画珐琅的起点》,载氏著:《中国古代艺术文物论丛》,紫禁城出版社,2002年,第271页。

献二人,随李秉忠一同赴京。所有潘淳烧成法蓝时辰表一个,鼻烟壶两个,钮子八十颗,合先呈验。①

杨琳这两道奏折传递了不少信息,首先,奏折中的"法蓝"就是"珐琅"②;其次,住在广州城中的潘淳,以及杨士章、徒弟等共4人,在康熙五十五年(1716)以前,就已经掌握了烧制画珐琅的技术。他们先后被广东巡抚杨琳贡入内廷,潘淳还把桃红珐琅料一起带进内廷。对此,杨伯达指出:"按造办处规定,地方督抚向内廷推荐的南匠,都是技艺上颇有成就的名工巧匠,一般年事较高。所以,潘淳进珐琅作时他的年龄总在40—50岁之间。若减学徒实习时间,他正式从事画珐琅业可能也有二三十年的经历,依此向前推算,他从业时间似始于康熙三十五年……他也可能就是广州的第一代画珐琅工匠。"③这说明,广州不仅是西方画珐琅的第一个落脚点,同时为了满足当地对画珐琅的需求,广州必然会出现画珐琅的制造业,潘淳、杨士章等人就在其中学习画珐琅工艺,他们因为熟练掌握了画珐琅的技术,才会被带到宫廷。可见,广州工匠极有可能先于内廷"画珐琅人"掌握了来自西方的画珐琅工艺。

那么,广州的画珐琅工匠从哪里学会了画珐琅的工艺?杨伯达转引康熙五十八年(1719)六月二十四日两广总督杨琳的

---

① 《广东巡抚杨琳奏报保送烧珐琅工匠进宫并洋船数目折》(康熙五十五年九月十六日),中国第一历史档案馆编:《清宫粤港澳商贸档案全集》,第1册,第102页,转引自施静菲:《日月光华:清宫画珐琅》,台北故宫博物院,2012年,第227页。
② 施静菲:《日月光华:清宫画珐琅》,台北故宫博物院,2012年,第18页。
③ 杨伯达:《刍议清代画珐琅的起点》,载氏著:《中国古代艺术文物论丛》,紫禁城出版社,2002年,第274—275页。

奏折："本年五月十二日，到有法兰西洋船一只，内有法兰西行医外科一名安泰，又会烧画珐琅技艺一名陈忠信，奴才业会同巡抚公折奏闻，于六月十八日遣人伴送赴京在案……"[①]乘搭陈忠信的法兰西洋船首先到达的就是广州，可以推断，在广州开海禁之后，像陈忠信这样懂得画珐琅技艺的传教士最初抵达的地点也是广州，他们不仅带来了西方的画珐琅，也带来了画珐琅技艺，并传授给广州的工匠如潘淳等人。

杨伯达在研究中指出："广州画珐琅业不仅要满足本地、各省和皇家的需求，还要在本地为国外加工，也有些工匠漂海至外国制造画珐琅。""英荷诸国亦遣使来广东，定此类装饰之瓷器，由荷人商船及英国东印度公司之船运回欧洲。所造物品，有为瓷器上绘珐琅者，有为铜器上绘珐琅者。……又广东之珐琅工人，尝为佣工于印度、波斯及西南亚细亚诸国。"[②]

上述材料都说明，广州从康熙五十五年（1716）起，就成为内廷珐琅作的技术人员和珐琅材料的主要来源地，也是画珐琅器的供应基地，而广州画珐琅无疑是中西文化和技艺交汇下的产物。

从康熙二十三年（1684）至康熙五十五年（1716）是广州画珐琅的早期，技术尚不成熟，胎厚、釉厚，光泽度低，气泡密集，色釉较少。康熙五十五年后达到了较高的水平。器型多为小型的日常用具，喜以黄色作地，少量白地或淡蓝色地，黑地开始应用。纹饰以图案式花卉为主，也有少量传统山水风

---

① 杨伯达：《刍议清代画珐琅的起点》，载氏著：《中国古代艺术文物论丛》，紫禁城出版社，2002年，第272页。
② 杨伯达：《刍议清代画珐琅的起点》，载氏著：《中国古代艺术文物论丛》，紫禁城出版社，2002年，第275页。

景。康熙朝的画珐琅保持着中国传统绘画的特点。

雍正年间,画珐琅逐渐走向兴盛。出品仍以小型器物居多,以鼻烟壶为大宗。器型制作工整别致,题材也是中西融合,多以西洋花叶纹或西番莲为锦地,开光处画传统的花鸟图案,画风细腻,纹饰繁琐;珐琅鲜艳明亮,光泽甚强。这一时期珐琅工艺的突出成就是成功地自行研制出新的珐琅色釉,丰富了珐琅的色釉种类,为乾隆时期珐琅工艺的全面发展奠定了坚实的基础。

乾隆时期广州大量烧造画珐琅,画珐琅工艺发展突飞猛进。器型变化很多,渐趋大型化,包括仿古青铜器、仿康雍二朝的器皿等,出现了大型陈设品。装饰工艺趋向稠密细致的堆砌式,纹饰除中国的图案外,还多了舒卷自如的卷草番花和西洋人物、楼阁以及风景、山水等,使得广州画珐琅具有明显的地方特色。绘画风格上,在传统的绘画中加入西画透视和光影处理的技巧;工艺上出现了画珐琅与透明珐琅、掐丝珐琅等相结合的现象。

杨伯达总结了乾隆年间广州画珐琅的三种类型,一是仿欧洲画珐琅,二是按宫廷样式烧造

绘西洋人物风景双耳瓶,广东民间工艺博物馆藏

的，三是典型的广州画珐琅。[1]广东民间工艺博物馆收藏的一对画珐琅"绘西洋人物风景双耳瓶"，就是乾隆年间制作的典型的按宫廷样式烧造的作品。这对铜胎画珐琅花瓶高45.5cm，口径10.5cm，腹径19.5cm。撇口，长颈，椭圆腹，双夔龙耳，外撇足，白底写"大清乾隆年制"三行楷书款。瓶身枣红色地绘缠枝花卉纹，主题纹饰是在腹部正、背面开光所得绘西洋人物风景；口沿、肩和近底部均饰有一圈粉红色如意云纹；颈肩处绘一周蕉叶纹。

广东民间工艺博物馆收藏的几件圆碟都是乾隆年间制作的典型的广州画珐琅。绘人物花卉圆碟和绘渡海观音圆碟的底部分别写有"乾隆年制"款和"大清乾隆年制"款，主题纹饰是中国传统人物故事题材。

绘人物花卉圆碟，广东民间工艺博物馆藏

缠枝花卉"万寿无疆"小盘也是典型的广州画珐琅，盘内外以黄色为地。盘面正中为圆"寿"字图案，中间一圈接圆式二方连续花卉纹，外层是折枝花卉纹，对称有"万寿无疆"圆框四字。外壁同样为折枝花卉纹，对称有"万寿无疆"圆框四字，口沿饰一圈回

---

[1] 杨伯达：《从清宫旧藏十八世纪广东贡品管窥广东工艺的特点与地位》，载北京故宫博物院、香港中文大学文物馆：《清代广东贡品》，1987年，第21页。

纹，近底部是一周仰莲纹。底为白地，中有无框"大清乾隆年制"篆字款。

清嘉庆初年，广州画珐琅工艺沿袭了乾隆时代的特色。此后珐琅器的烧造呈萎缩局面：大型器物数量渐少，胎薄体轻。内廷养心殿造办处珐琅作从道光时期（1821—1850）以后形同虚设，不再生产珐琅。广州画珐琅工艺也从鸦片战争以后开始逐渐走向衰落。广东民间工艺博物馆收藏的绘花卉蝶糖果盒和黄地花卉三足碗，是我们了解晚清和民国时期广州画珐琅生产的实物资料。绘花卉蝶糖果盒为铜胎，此盒盖的八瓣状如覆莲，盒身八瓣形如仰莲，盒内为九格攒盘。盒全身施粉蓝色地，盖面顶部平而隐起，中心绘大花头一朵，边绕彩蝶；盒盖的八瓣与盒身八瓣各绘花蝶图案；圈足为八瓣覆莲状，饰以花纹。造型优美，色彩雅淡清新，绘画精细，是广州画珐琅的代表作。

黄地花卉三足碗为铁胎，碗外壁黄地画缠枝花卉，口沿一周如意纹，近底部一圈莲纹，三足粉蓝地绘折枝菊。底白地书"粤省濠畔义和祥制"无框双行仿宋体八字款。濠畔即指"濠畔街"，是清代广州著名的手工业中心，这个碗是了解当时广州金属胎珐琅器生产情况的重要实物资料。

绘渡海观音圆碟，广东民

缠枝花卉"万寿无疆"小盘，

东西汇流下的广州画珐琅

艺博物馆藏

黄地绘缠枝花高足盘，广东民间工艺博物馆藏

间工艺博物馆藏

缠枝花卉香盒，广东民间工艺博物馆藏

绘花卉蝶糖果盒，广东民间工艺博物馆藏

黄地花卉三足碗，广东民间工艺博物馆藏

总之，发端于清康熙年间的广州画珐琅，既向西方传教士和"画珐琅人"学习了画珐琅的工艺，采用了他们的原料和技术；同时又将这种画珐琅工艺和原料带到了宫廷。在这个过程中，西方的画珐琅技术和文化、宫廷的风格和习惯，以及广州地方原有的制作传统相互交汇和融合，使得广州画珐琅成为了东西文化和工艺交汇的见证和产物。之后，广州画珐琅产品广泛流通，除了满足国内市场所需外，更大量制作外销制品流通到欧美，促成了清末广州工艺美术史上的重要发展。

后　　记

在本书的出版过程中，蔡鸿生教授给予了大力支持，他亲自拟定框架结构，推荐撰稿人员，并撰写了颇具启发性的序，揭示本书的主旨在于颂扬历史上"广州匠"的创造性劳动，在新时代弘扬工匠精神。

本书的撰稿人员为江滢河教授、黄海妍研究馆员、曾玲玲副研究馆员、罗兴连副研究馆员。江滢河教授撰写《广州外销画》，黄海妍研究馆员撰写《巧手慧心的传统广绣》《五彩缤纷的外销成扇》《广彩"灵思堂"所见的工匠制度》《濡染西风的传统广式家具》《东西汇流下的广州画珐琅》，曾玲玲副研究馆员撰写《引子：巧匠云集的18世纪广州城》《18世纪广东牙匠掠影》《巧夺天工的广州牙雕》《中西合璧的广州织金彩瓷》，罗兴连副研究馆员撰写《精巧华丽的广州自鸣钟》。

广东省博物馆、广州博物馆、广东民间工艺博物馆、西汉南越王博物馆、广州十三行博物馆给予了大力的支持和协助，并授权使用其馆藏文物的图片。

谨向以上专家学者和机构表示感谢！